맥체인 1년 1독 성경읽기

맥체인 통독 맥잡기(6)

김홍양 지음

신교횃불
ccm2u.com

맥체인 1년 1독 성경읽기

맥체인 통독 맥잡기(6)

맥체인 성경읽기표는 1842년 맥체인이 자신이 목양하던 성 베드로 교회 성도들의 영적 성장을 위해 개발한 것으로, 매일 구약과 신약을 각각 2장씩 읽음으로써 1년에 구약 1회, 신약과 시편을 각 2회 정독할 수 있도록 만든 표입니다.

이와 같은 맥체인의 방법에 따라 신구약 성경 전체를 골고루 4등분해서 동시에 읽으면, 성경에 기록된 장구한 구속사를 크게 네 시대로 나누어 동시에 묵상할 수 있습니다.

각각의 시대마다 하나님께서는 하나님이 세우신 사람들과 언약을 맺으셨고, 그 언약을 완성하셨습니다. 그리고 이 시대들은 서로 씨줄과 날줄이 되어 하나님의 구속사를 완성하는 완벽한 하모니를 이루고 있습니다.

때로는 시대별로, 때로는 거시적인 안목에서 구속사 전체를 한 번에 아우르게 합니다. 그렇기에 남녀노소, 교회의 직분을 무론하고, 누구나 맥체인 성경읽기표를 따라 성경을 읽으면, 성경에 대한 명쾌한 이해와 함께 하나님께서 감춰두신 구속의 보화를 찾는 기쁨을 누릴 수 있습니다.

또한 이를 통해 성경의 맥을 보다 쉽게 잡을 수 있습니다. 이렇게 하나님의 계시 목적에 평행선을 그으며 따라가는 것은 맥체인 성경읽기표만의 독특한 방식입니다.

성경을 읽다가 중간에 빠뜨린 부분이 있더라도 포기하지 말고, 그날의 날짜에 맞추어 읽는 것이 좋습니다. 이런 습관은 해가 거듭되더라도 반복적으로 성경을 통독할 수 있게 해 주기 때문입니다. 개인적으로 읽을 때는 아침, 저녁으로 나누어 읽으셔도 됩니다. 각자의 방법대로 성경을 읽으면 됩니다.

 "또 어려서부터 성경을 알았나니 성경은 능히 너로 하여금 그리스도 예수 안에 있는 믿음으로 말미암아 구원에 이르는 지혜가 있게 하느니라 모든 성경은 하나님의 감동으로 된 것으로 교훈과 책망과 바르게 함과 의로 교육하기에 유익하니 이는 하나님의 사람으로 온전하게 하며 모든 선한 일을 행할 능력을 갖추게 하려 함이라" (딤후 3:15-17).

▶ **"맥체인 성경읽기"의 특징과 장점**

　ㅇ 맥체인 성경은 구약과 신약(또는 시편)에서 4권씩 짝을 이루고 있어서 흥미롭고 읽는 재미를 더합니다.

　ㅇ 맥체인 성경은 구약과 신약의 대조를 통해 말씀 간 연관성 및 의미의 다채로움을 만끽하게 합니다.

　ㅇ 맥체인 성경은 매일 신구약의 4장씩 일정량을 읽도록 구성되어, 끝까지 효과적으로 읽을 수 있습니다.

　ㅇ 맥체인 성경은 하나님의 구속사를 한눈에 볼 수 있도록 구성되어 있습니다.

　ㅇ 맥체인 성경은 성경 전체를 관통하는 하나님의 생각을 연상하게 훈련시킵니다.

　ㅇ 맥체인 성경은 <읽기표>를 통해 규칙적이고 체계적인 성경읽기를 가능하게 합니다.

　ㅇ 맥체인 성경의 <읽기표>를 활용하면 1년에 구약은 1독, 신약과 시편은 2독 할 수 있습니다.

　ㅇ 맥체인 성경은 말씀의 연관성을 찾아 말씀의 참 의미를 깨닫게 도와줍니다.

▶ **《맥체인성경 365》 말씀연결 사용하는 법**

　① 네 성경 본문의 소주제를 통해 중심 단어나 문장을 말씀으로 묵상한다.

　② 네 본문의 말씀을 순서대로, 천천히 읽는다.

　③ 두 본문에서 반복되는 단어나 유사한 문맥을 찾아 서로 연결한다.

　④ 본문에서 반대의 뜻을 가진 단어나 문장을 찾는다.

　⑤ 두 권의 책에서 공통되는 하나님의 말씀을 연결하여 기록한다.

　⑥ 연결되는 말씀을 다른 두 권으로 확대하여 네 권 전체에 흐르는 하나님의 생각과 베푸신 은혜를 누리고, 그 내용을 적어본다.

　⑦ 본문에서 지도자나 인도자로부터 배운 신학 주제나 교리들이 함축하고 있는 문맥의 짝을 찾아본다.

　⑧ 중심 주제를 필두로, 삶에 적용할 일들을 적어보고 생활 중에 실천함으로써 변화를 경험해 본다.

　⑨ 하나님이 오늘 나에게 주신 말씀들을 통하여 가르침, 명령과 약속 권면, 경고 및 행해야 할 일들을 하나님과 대화하는 마음으로(기도) 성경읽기를 마무리한다.

Ⅰ. 맥체인성경의 통독구조<152>

맥체인성경 통독은 시간의 초월 즉 역사의 초월을 통해 예언과 성취를 동시에 경험할 수 있는 구조이다. 이미 지나간 과거에 대한 긴 역사를 우리는 한 정점에서 동시에 묵상한다.

Ⅱ. 핵심구절 읽기

성경본문	신명기 5장	시편 88편	이사야 33장	요한계시록 3장
통일주제	**중보** (中保, 하나님과 사람의 사이를 화해시키고 교제를 유지하도록 하는 일)			
개별주제	하나님의 계명을 백성에게 전달하는 중보	이스라엘의 아픔을 하나님께 간구하는 중보	여호와의 이스라엘 회복을 선포하는 중보	예수의 계시를 일곱 교회에 대언하는 중보
연합내용	**창조주와 피조물 사이에는 사귐이 있다. 그러나 인간이 타락한 후에는 교제를 위한 중보자가 있어야 한다. 구약은 지도자, 제사장, 선지자가 중보하였고 신약은 예수, 성령, 제자들이 중보하였다.**			
핵심구절	1~3,6~21,24 26~29,31	1~4,7~9,13~15	2~3,5~6,10,13 15~16,19~22,24	1~3,7~10,14~20

• 신명기 5장 – 하나님의 계명을 백성에게 전달하는 중보

모세가 온 이스라엘을 불러 그들에게 이르되 이스라엘아 오늘 내가 너희의 귀에 말하는 규례와 법도를 듣고 그것을 배우며 지켜 행하라...(1~3절)

나는 너를 애굽 땅, 종 되었던 집에서 인도하여 낸 네 하나님 여호와라...(6~21절)

말하되 우리 하나님 여호와께서 그의 영광과 위엄을 우리에게 보이시매 불 가운데에서 나오는 음성을 우리가 들었고 하나님이 사람과 말씀하시되 그 사람이 생존하는 것을 오늘 우리가 보았나이다(24절)

육신을 가진 자로서 우리처럼 살아 계시는 하나님의 음성이 불 가운데에서 발함을 듣고 생존한 자가 누구니이까...(26~29절)

너는 여기 내 곁에 서 있으라 내가 모든 명령과 규례와 법도를 네게 이르리니 너는 그

것을 그들에게 가르쳐서 내가 그들에게 기업으로 주는 땅에서 그들에게 이것을 행하게 하라 하셨나니 (31절)

• 시편 88편 - 이스라엘의 아픔을 하나님께 간구하는 중보

여호와 내 구원의 하나님이여 내가 주야로 주 앞에서 부르짖었사오니...(1~4절)

주의 노가 나를 심히 누르시고 주의 모든 파도가 나를 괴롭게 하셨나이다...(7~9절)

여호와여 오직 내가 주께 부르짖었사오니 아침에 나의 기도가 주의 앞에 이르리이다...(13~15절)

• 이사야 33장 - 여호와의 이스라엘 회복을 선포하는 중보

여호와여 우리에게 은혜를 베푸소서 우리가 주를 앙망하오니 주는 아침마다 우리의 팔이 되시며 환난 때에 우리의 구원이 되소서...(2~3절)

여호와께서는 지극히 존귀하시니 그는 높은 곳에 거하심이요 정의와 공의를 시온에 충만하게 하심이라...(5~6절)

여호와께서 이르시되 내가 이제 일어나며 내가 이제 나를 높이며 내가 이제 지극히 높아지리니(10절)

너희 먼 데에 있는 자들아 내가 행한 것을 들으라 너희 가까이에 있는 자들아 나의 권능을 알라(13절)

오직 공의롭게 행하는 자, 정직히 말하는 자, 토색한 재물을 가증히 여기는 자, 손을 흔들어 뇌물을 받지 아니하는 자, 귀를 막아 피 흘리려는 꾀를 듣지 아니하는 자, 눈을 감아 악을 보지 아니하는 자...(15~16절)

네가 강포한 백성을 보지 아니하리라 그 백성은 방언이 어려워 네가 알아듣지 못하며 말이 이상하여 네가 깨닫지 못하는 자니라...(19~22절)

그 거주민은 내가 병들었노라 하지 아니할 것이라 거기에 사는 백성이 사죄함을 받으리라(24절)

사데 교회의 사자에게 편지하라 하나님의 일곱 영과 일곱 별을 가지신 이가 이르시되 내가 네 행위를 아노니 네가 살았다 하는 이름은 가졌으나 죽은 자로다...(1~3절)
빌라델비아 교회의 사자에게 편지하라 거룩하고 진실하사 다윗의 열쇠를 가지신 이 곧 열면 닫을 사람이 없고 닫으면 열 사람이 없는 그가 이르시되...(7~10절)
라오디게아 교회의 사자에게 편지하라 아멘이시요 충성되고 참된 증인이시요 하나님의 창조의 근본이신 이가 이르시되...(14~20절)

Ⅲ. 묵상을 위한 질문

1. 모세는 하나님이 주신 십계명을 이스라엘에게 전하고 지키라고 했습니다. 그 내용은 무엇일까요?(7~21)

2. 하나님의 백성이 십계명을 지켜야 할 이유와 그 방법은 무엇일까요? (1,6,24,28,31,33)

3. 고라 자손의 찬송 속에 담긴 안타깝고 아픈 사연은 무엇일까요?(3~8,14~16,18)

4. 고라 자손은 이 아픈 한을 어떻게 해결하고 있을까요?(1~2,9,13)

5. 이사야는 지극히 존귀하신 여호와께 이스라엘의 구원을 간구하면서 동시에 어떤 회복의 내용을 선포했나요?(2~3,5~6,10)

6. 이사야는 하나님의 백성들에게 어떤 자가 놓은 곳에 거하게 된다고 했나요?(15~16)

7. 사데 교회와 빌라델비아 교회와 라오디게아 교회의 특징은 무엇일까요?(1,8,15)

8. 요한은 라오디게아 교회가 어떻게 해야 예수의 보좌에 함께 앉게 된다고 했나요?(16~21)

Ⅳ. 기도

1. 주여, 성경을 통해 배운 모든 계명을 날마다 준행하는 자가 되게 하옵소서.
2. 주여, 죄악과 고난과 회복을 위해 간절히 기도하는 신앙인이 되게 하옵소서.
3. 주여, 옳고 부한 줄로 착각하는 교회나 미지근한 교회가 되지 않게 하옵소서.

• 하나님 마음 알아가기 •

• 나에게 주시는 말씀(암송하기) •

• 오늘의 감사(기록하기) •

I. 맥체인성경의 통독구조<153>

기존의 성경묵상은 한 책을 읽으므로 한 본문에 한 교훈을 찾는 것이 일반적이지만 맥체인성경 읽기와 묵상은 네 책을 읽고 네 본문의 공통점을 찾기 때문에 몇 개의 교훈이 나타난다. 그 중에 현재 감동을 주는 교훈을 적용하는 구조이다.

II. 핵심구절 읽기

성경본문	신명기 6장	시편 89편	이사야 34장	요한계시록 4장
통일주제	경청 (傾聽, 남의 말을 귀 기울여 주의 깊게 들음)			
개별주제	이스라엘이 여호와의 명령과 규례와 법도를 경청함	성도들이 여호와의 언약과 환상 중의 말씀을 경청함	열방이 여호와의 심판과 보복에 대한 경고를 경청함	요한이 성령에 감동되어 하늘 보좌의 음성을 경청함
연합내용	성경은 하나님의 말씀이다. 믿음의 사역자들이 성령의 감동을 받아 기술하고 하나님의 백성들에게 전한 것이다. 그러므로 각 시대의 선택된 모든 자들은 어떤 위치에 있든지 집중하여 경청하고 행하여야 한다.			
핵심구절	1,3~9,12~15 18~20,24~25	1~5,8,11,14 19~25,27~36,49	1~5,8~10,12~13 16~17	1~8,10~11

• 신명기 6장 - 이스라엘이 여호와의 명령과 규례와 법도를 경청함

이는 곧 너희의 하나님 여호와께서 너희에게 가르치라고 명하신 명령과 규례와 법도라 너희가 건너가서 차지할 땅에서 행할 것이니(1절)

이스라엘아 듣고 삼가 그것을 행하라 그리하면 네가 복을 받고 네 조상들의 하나님 여호와께서 네게 허락하심 같이 젖과 꿀이 흐르는 땅에서 네가 크게 번성하리라...(3~9절)

너는 조심하여 너를 애굽 땅 종 되었던 집에서 인도하여 내신 여호와를 잊지 말고...(12~15절)

여호와께서 보시기에 정직하고 선량한 일을 행하라 그리하면 네가 복을 받고 그 땅에 들어가서 여호와께서 모든 대적을 네 앞에서 쫓아내시겠다고 네 조상들에게 맹세하

신 아름다운 땅을 차지하리니 여호와의 말씀과 같으니라...(18~20절)

여호와께서 우리에게 이 모든 규례를 지키라 명령하셨으니 이는 우리가 우리 하나님 여호와를 경외하여 항상 복을 누리게 하기 위하심이며 또 여호와께서 우리를 오늘과 같이 살게 하려 하심이라...(24~25절)

• 시편 89편 - 성도들이 여호와의 언약과 환상 중의 말씀을 경청함

내가 여호와의 인자하심을 영원히 노래하며 주의 성실하심을 내 입으로 대대에 알게 하리이다...(1~5절)

여호와 만군의 하나님이여 주와 같이 능력 있는 이가 누구리이까 여호와여 주의 성실 하심이 주를 둘렀나이다(8절)

하늘이 주의 것이요 땅도 주의 것이라 세계와 그 중에 충만한 것을 주께서 건설하셨나 이다(11절)

의와 공의가 주의 보좌의 기초라 인자함과 진실함이 주 앞에 있나이다(14절)

그 때에 주께서 환상 중에 주의 성도들에게 말씀하여 이르시기를 내가 능력 있는 용사 에게는 돕는 힘을 더하며 백성 중에서 택함 받은 자를 높였으되...(19~25절)

내가 또 그를 장자로 삼고 세상 왕들에게 지존자가 되게 하며...(27~36절)

주여 주의 성실하심으로 다윗에게 맹세하신 그 전의 인자하심이 어디 있나이까(49절)

• 이사야 34장 - 열방이 여호와의 심판과 보복에 대한 경고를 경청함

열국이여 너희는 나아와 들을지어다 민족들이여 귀를 기울일지어다 땅과 땅에 충만 한 것, 세계와 세계에서 나는 모든 것이여 들을지어다...(1~5절)

이것은 여호와께서 보복하시는 날이요 시온의 송사를 위하여 신원하시는 해라...(8~10절)

그들이 국가를 이으려 하여 귀인들을 부르되 아무도 없겠고 그 모든 방백도 없게 될 것이요...(12~13절)

너희는 여호와의 책에서 찾아 읽어보라 이것들 가운데서 빠진 것이 하나도 없고 제 짝 이 없는 것이 없으리니 이는 여호와의 입이 이를 명령하셨고 그의 영이 이것들을 모으 셨음이라...(16~17절)

이 일 후에 내가 보니 하늘에 열린 문이 있는데 내가 들은 바 처음에 내게 말하던 나팔소리 같은 그 음성이 이르되 이리로 올라오라 이 후에 마땅히 일어날 일들을 내가 네게 보이리라 하시더라...(1~8절)

이십사 장로들이 보좌에 앉으신 이 앞에 엎드려 세세토록 살아 계시는 이에게 경배하고 자기의 관을 보좌 앞에 드리며 이르되...(10~11절)

Ⅲ. 묵상을 위한 질문

1. 모세가 전한 여호와의 명령과 규례와 법도의 핵심내용은 무엇일까요?(4~9)

2. 모세가 이스라엘에게 명령한 가장 무섭고 중요한 경고는 무엇일까요?(12~15)

3. 본 시편의 교훈(마스길) 속에 나타난 여호와의 성품 중 가장 강조된 두 가지 도덕적 성품은 무엇일까요?(1~2,5,8,14,24,28,33,49)

4. 본 시편의 교훈 속에서 주가 환상 중에 말씀하신 내용은 무엇일까요?(19~37)

5. 여호와 하나님이 열방에 심판과 보복을 단행하실 때 이사야 선지자를 통하여 반드시 우선적으로 나타내시는 것은 무엇일까요?(1,5,8,16)

6. 여호와께서 열방에 심판과 보복을 선포하신 진정한 이유는 무엇일까요?(2~4,17)

7. 요한이 성령에 감동되어 본 하늘 보좌에 앉으신 이의 모습은 어떠했나요?(2~4)

8. 네 생물과 이십사 장로가 보좌에 앉으신 이에게 경배한 내용은 무엇일까요?(7~11)

Ⅳ. 기도

1. 주여, 주의 명령과 규례와 법도를 듣고 가르치며 철저히 지키게 하옵소서.
2. 주여, 주의 인자하심과 성실하심을 믿고 무슨 일을 하든지 담대하게 하옵소서.
3. 주여, 성령을 받아 환상을 보며 네 생물과 이십사 장로처럼 찬양하게 하옵소서.

• 하나님 마음 알아가기 •

• 나에게 주시는 말씀(암송하기) •

• 오늘의 감사(기록하기) •

Ⅰ. 맥체인성경의 통독구조<154>

맥체인성경 통독은 새벽에 80~90절 정도의 핵심요절을 읽고 하루 중 정해 놓은 시간에 통일주제를 중심으로 4장 전체를 정독하면서 묵상문제를 풀어 영적인 만나를 먹는 구조이다.

Ⅱ. 핵심구절 읽기

성경본문	신명기 7장	시편 90편	이사야 35장	요한계시록 5장
통일주제	**거처** (居處, 일정하게 자리를 잡고 머무는 곳)			
개별주제	약속의 땅 가나안은 성민 이스라엘의 새로운 거처	유한한 인생을 구원하신 하나님은 영원한 거처	거룩한 길을 통해 들어가는 회복된 시온인 새 거처	보좌에 앉으신 이와 어린양이 함께 거하는 천상 거처
연합내용	**모든 피조물은 거처가 있다. 창조주 하나님은 모든 피조물에게 그 거처를 지정해 주셨다. 하나님도 자신의 거처를 하늘에 두셨다. 더 나아가 하나님은 스스로 구원받은 영혼의 영원한 거처가 되어 주셨다.**			
핵심구절	1~5,8~9,13~15 18,20~21,25~26	1~3,8~10,12 14~15,17	1~2,5~8,10	1~2,5~7,11~14

• 신명기 7장 – 약속의 땅 가나안은 성민 이스라엘의 새로운 거처

네 하나님 여호와께서 너를 인도하사 네가 가서 차지할 땅으로 들이시고 네 앞에서 여러 민족 헷 족속과 기르가스 족속과 아모리 족속과 가나안 족속과 브리스 족속과 히위 족속과 여부스 족속 곧 너보다 많고 힘이 센 일곱 족속을 쫓아내실 때에...(1~5절)

여호와께서 다만 너희를 사랑하심으로 말미암아, 또는 너희의 조상들에게 하신 맹세를 지키려 하심으로 말미암아 자기의 권능의 손으로 너희를 인도하여 내시되 너희를 그 종 되었던 집에서 애굽 왕 바로의 손에서 속량하셨나니...(8~9절)

곧 너를 사랑하시고 복을 주사 너를 번성하게 하시되 네게 주리라고 네 조상들에게 맹세하신 땅에서 네 소생에게 은혜를 베푸시며 네 토지 소산과 곡식과 포도주와 기름을 풍성하게 하시고 네 소와 양을 번식하게 하시리니...(13~15절)

그들을 두려워하지 말고 네 하나님 여호와께서 바로와 온 애굽에 행하신 것을 잘 기억하되(18절)

네 하나님 여호와께서 또 왕벌을 그들 중에 보내어 그들의 남은 자와 너를 피하여 숨은 자를 멸하시리니...(20~21절)

너는 그들이 조각한 신상들을 불사르고 그것에 입힌 은이나 금을 탐내지 말며 취하지 말라 네가 그것으로 말미암아 올무에 걸릴까 하노니 이는 네 하나님 여호와께서 가증히 여기시는 것임이니라...(25~26절)

• 시편 90편 - 유한한 인생을 구원하신 하나님은 영원한 거처

주여 주는 대대에 우리의 거처가 되셨나이다...(1~3절)

주께서 우리의 죄악을 주의 앞에 놓으시며 우리의 은밀한 죄를 주의 얼굴 빛 가운데에 두셨사오니...(8~10절)

우리에게 우리 날 계수함을 가르치사 지혜로운 마음을 얻게 하소서(12절)

아침에 주의 인자하심이 우리를 만족하게 하사 우리를 일생 동안 즐겁고 기쁘게 하소서...(14~15절)

주 우리 하나님의 은총을 우리에게 내리게 하사 우리의 손이 행한 일을 우리에게 견고하게 하소서 우리의 손이 행한 일을 견고하게 하소서(17절)

• 이사야 35장 - 거룩한 길을 통해 들어가는 회복된 시온인 새 거처

광야와 메마른 땅이 기뻐하며 사막이 백합화 같이 피어 즐거워하며...(1~2절)

그 때에 맹인의 눈이 밝을 것이며 못 듣는 사람의 귀가 열릴 것이며...(5~8절)

여호와의 속량함을 받은 자들이 돌아오되 노래하며 시온에 이르러 그들의 머리 위에 영영한 희락을 띠고 기쁨과 즐거움을 얻으리니 슬픔과 탄식이 사라지리로다(10절)

• 요한계시록 5장 - 보좌에 앉으신 이와 어린양이 함께 거하는 천상 거처

내가 보매 보좌에 앉으신 이의 오른손에 두루마리가 있으니 안팎으로 썼고 일곱 인으로 봉하였더라...(1~2절)

장로 중의 한 사람이 내게 말하되 울지 말라 유대 지파의 사자 다윗의 뿌리가 이겼으니 그 두루마리와 그 일곱 인을 떼시리라 하더라...(5~7절)

내가 또 보고 들으매 보좌와 생물들과 장로들을 둘러 선 많은 천사의 음성이 있으니 그 수가 만만이요 천천이라...(11~14절)

Ⅲ. 묵상을 위한 질문

1. 이스라엘 자손이 약속의 땅에 들어갔을 때 할 일과 하지 말아야 할 일은 무엇일까요?(2~3,5,9,11,16,22,25)

2. 모세는 약속의 땅을 진멸하러 들어가는 이스라엘 자손에게 무엇을 갖으라고 했나요?(1,17~19,21)

3. 모세는 어떤 지혜를 달라고 기도했나요?(10,12,14~15)

4. 모세가 기도 중에 언급한 두 가지의 일은 무엇일까요?(16~17)

5. 하나님이 이루시는 새로운 곳은 어떤 특징을 가지고 있을까요?(1~2,5~7)

6. 하나님이 새롭게 세우신 영원한 나라에는 거룩한 길을 통해 어떤 사람이 들어갈까요?(8~10)

7. 보좌에 앉으신 하나님의 오른 속에 있는 두루마리는 누가 취했나요?(1~2,5,7)

8. 만만 천천의 천사들과 모든 피조물은 누구에게 찬양을 드렸나요?(11~13)

Ⅳ. 기도

1. 주여, 저희에게 담대한 마음을 주사 주신 언약을 온전히 성취하게 하옵소서.
2. 주여, 우리 날 계수함을 가르쳐 주사 지혜로운 마음을 갖고 살아가게 하옵소서.
3. 주여, 보좌에 앉으신 하나님과 죽임을 당하신 예수님을 늘 찬양하게 하옵소서.

• 하나님 마음 알아가기 •

• 나에게 주시는 말씀(암송하기) •

• 오늘의 감사(기록하기) •

I. 맥체인성경의 통독구조<155>

맥체인성경의 바른 통독은 읽는 속도보다 읽는 자세에 있다. 신약과 구약의 각각 두 장을 필사하듯 정리하면서 깊이 묵상하는 자세로 읽으면 지혜의 은사를 경험할 수 있는 신비로운 구조이다. 더 나아가 통독을 뛰어넘어 정독의 영적 구조이다.

II. 핵심구절 읽기

성경본문	신명기 8장	시편 91편	이사야 36장	요한계시록 6장
통일주제	**마음** (감정이나 생각, 기억 따위가 깃들이거나 생겨나는 곳)			
개별주제	이스라엘이 좋은 땅을 차지하도록 인도하시는 사랑의 마음	주를 의뢰하는 자를 건지시고 높이시며 영화롭게 하시는 마음	랍사게의 교만한 마음과 엘리아김 셉나 요아의 나약한 마음	마지막 때에 구원과 심판을 행한 대로 갚으시는 공의의 마음
연합내용	**하나님은 성경을 통해 자신을 열어 보여 주셨다. 특히 성품과 연관된 마음을 잘 보여 주셨다. 사랑, 인자, 자비, 긍휼, 용서, 공의 등 하나님의 마음은 자기의 형상대로 지음 받은 사람에게도 주어졌다.**			
핵심구절	1~3,6,9~14 17~18	1~4,7,11~12 14~16	1,4~7,13~18,21	1~17

• 신명기 8장 - 이스라엘이 좋은 땅을 차지하도록 인도하시는 사랑의 마음

내가 오늘 명하는 모든 명령을 너희는 지켜 행하라 그리하면 너희가 살고 번성하고 여호와께서 너희의 조상들에게 맹세하신 땅에 들어가서 그것을 차지하리라...(1~3절)

네 하나님 여호와의 명령을 지켜 그의 길을 따라가며 그를 경외할지니라(6절)

네가 먹을 것에 모자람이 없고 네게 아무 부족함이 없는 땅이며 그 땅의 돌은 철이요 산에서는 동을 캘 것이라...(9~14절)

그러나 네가 마음에 이르기를 내 능력과 내 손의 힘으로 내가 이 재물을 얻었다 말할 것이라...(17~18절)

• 시편 91편 – 주를 의뢰하는 자를 건지시고 높이시며 영화롭게 하시는 마음

지존자의 은밀한 곳에 거주하며 전능자의 그늘 아래에 사는 자여...(1~4절)

천 명이 네 왼쪽에서, 만 명이 네 오른쪽에서 엎드러지나 이 재앙이 네게 가까이 하지 못하리로다(7절)

그가 너를 위하여 그의 천사들을 명령하사 네 모든 길에서 너를 지키게 하심이라...(11~12절)

하나님이 이르시되 그가 나를 사랑한즉 내가 그를 건지리라 그가 내 이름을 안즉 내가 그를 높이리라...(14~16절)

• 이사야 36장 – 랍사게의 교만한 마음과 엘리아김 셉나 요아의 나약한 마음

히스기야 왕 십사년에 앗수르 왕 산헤립이 올라와서 유다의 모든 견고한 성을 쳐서 취하니라(1절)

랍사게가 그들에게 이르되 이제 히스기야에게 말하라 대왕 앗수르 왕이 이같이 말씀하시기를 네가 믿는 바 그 믿는 것이 무엇이냐...(4~7절)

이에 랍사게가 일어서서 유다 방언으로 크게 외쳐 이르되 너희는 대왕 앗수르 왕의 말씀을 들으라...(13~18절)

그러나 그들이 잠잠하여 한 말도 대답하지 아니하였으니 이는 왕이 그들에게 명령하여 대답하지 말라 하였음이었더라(21절)

• 요한계시록 6장 – 마지막 때에 구원과 심판을 행한 대로 갚으시는 공의의 마음

내가 보매 어린 양이 일곱 인 중의 하나를 떼시는데 그 때에 내가 들으니 네 생물 중의 하나가 우렛소리 같이 말하되 오라 하기로...(1~17절)

Ⅲ. 묵상을 위한 질문

1. 여호와께서 이스라엘에게 허락하신 땅은 어떤 땅일까요?(7~10)

2. 출애굽과 광야생활을 인도하신 하나님은 은혜를 기억하는 이스라엘 자손에게 어떤 능력을 주셨다고 모세는 말했나요?(14~16,18)

3. 시편 기자는 여호와 하나님을 자신에게 있어서 어떤 분으로 믿고 있나요?(2~4,9)

4. 여호와는 자신을 의뢰하는 자에게 어떻게 대해 주신다고 했나요?(3~4,11,14~16)

5. 앗수르 왕 산헤립은 대군을 거느린 랍사게 장군을 예루살렘에 보내면서 어떤 말을 전하게 했나요?(4~6,8~10,13~17,20)

6. 이 때 유다의 히스기야 왕은 백성들에게 어떤 명령을 내렸나요?(7,18,21)

7. 어린 양이 봉인된 두루마리의 인을 떼실 때에 어떤 일이 일어났나요?(1~8)

8. 다섯째 인과 여섯 째 인을 떼실 때에 나타날 징조는 무엇일까요?(9~17)

Ⅳ. 기도

1. 주여, 여호와께서 재물 얻을 능력을 주셨음을 믿고 지혜롭게 경영하게 하옵소서.
2. 주여, 어떠한 위험 속에서도 나약한 마음이 아니라 겸손한 마음을 주옵소서.
3. 주여, 말세 환난이 있을 때에 깨어 신앙의 절개를 지킴으로 승리하게 하옵소서.

• 하나님 마음 알아가기 •

• 나에게 주시는 말씀(암송하기) •

• 오늘의 감사(기록하기) •

I. 맥체인성경의 통독구조<156>

영화 감상하기 : 영화의 중심내용은 변할 수 없다. 하지만 그 전개 과정이나 보조적인 내용이 더 큰 감동과 좋은 기억을 주기도 한다. 구약 2장, 신약 2장씩 읽는 맥체인성경 통독방식은 본 중심내용 외에 다양한 감동을 줄 수 있는 구조이다.

II. 핵심구절 읽기

성경본문	신명기 9장	시편 92~93편	이사야 37장	요한계시록 7장
통일주제	**기도** (祈禱, 인간이 하나님께 자신의 일거수일투족을 아뢰는 것)			
개별주제	이스라엘을 위한 40주 40야의 속죄의 기도	안식일에 성도가 부르는 곡조있는 기도	산헤립과 랍사게의 교만을 상대하는 기도	큰 환난에서 나온 흰옷 입은 자들의 찬양과 기도
연합내용	**기도는 성경의 가르침이다. 기도는 믿는 자의 생명선이다. 기도는 하나님과 교제하는 기적의 통로다. 예수 그리스도가 기도하셨고 모세도 이사야도 순교자도 기도했다. 기도는 성도의 의무요 권리인 것이다.**			
핵심구절	1~2,4~5,9~10 12~13,16~19,21 24~27	92:1~5,7,9,12~15 93:1~2,4~5	1~4,6~7,14~17 20~21,23~26 29~33,35~36	1,3~4,9~17

• 신명기 9장 - 이스라엘을 위한 40주 40야의 속죄의 기도

이스라엘아 들으라 네가 오늘 요단을 건너 너보다 강대한 나라들로 들어가서 그것을 차지하리니 그 성읍들은 크고 성벽은 하늘에 닿았으며...(1~2절)

네 하나님 여호와께서 그들을 네 앞에서 쫓아내신 후에 네가 심중에 이르기를 내 공의로움으로 말미암아 여호와께서 나를 이 땅으로 인도하여 들여서 그것을 차지하게 하셨다 하지 말라 이 민족들이 악함으로 말미암아 여호와께서 그들을 네 앞에서 쫓아내심이니라...(4~5절)

그 때에 내가 돌판들 곧 여호와께서 너희와 세우신 언약의 돌판들을 받으려고 산에 올라가서 사십 주 사십 야를 산에 머물며 떡도 먹지 아니하고 물도 마시지 아니하였더니...(9~10절)

내게 이르시되 일어나 여기서 속히 내려가라 네가 애굽에서 인도하여 낸 네 백성이 스스로 부패하여 내가 그들에게 명령한 도를 속히 떠나 자기를 위하여 우상을 부어 만들었느니라...(12~13절)

내가 본즉 너희가 너희의 하나님 여호와께 범죄하여 자기를 위하여 송아지를 부어 만들어서 여호와께서 명령하신 도를 빨리 떠났기로...(16~19절)

너희의 죄 곧 너희가 만든 송아지를 가져다가 불살라 찧고 티끌 같이 가늘게 갈아 그 가루를 산에서 흘러내리는 시내에 뿌렸느니라(21절)

내가 너희를 알던 날부터 너희가 항상 여호와를 거역하여 왔느니라...(24~27절)

• 시편 92~93편 - 안식일에 성도가 부르는 곡조있는 기도

지존자여 십현금과 비파와 수금으로 여호와께 감사하며 주의 이름을 찬양하고 아침마다 주의 인자하심을 알리며 밤마다 주의 성실하심을 베풂이 좋으니이다...(92편 1~5절)

악인들은 풀 같이 자라고 악을 행하는 자들은 다 흥왕할지라도 영원히 멸망하리이다 (92편 7절)

여호와여 주의 원수들은 패망하리이다 정녕 주의 원수들은 패망하리니 죄악을 행하는 자들은 다 흩어지리이다(92편 9절)

의인은 종려나무 같이 번성하며 레바논의 백향목 같이 성장하리로다...(92편 12~15절)

여호와께서 다스리시니 스스로 권위를 입으셨도다 여호와께서 능력의 옷을 입으시며 띠를 띠셨으므로 세계도 견고히 서서 흔들리지 아니하는도다...(93편 1~2절)

높이 계신 여호와의 능력은 많은 물 소리와 바다의 큰 파도보다 크니이다...(93편 4~5절)

• 이사야 37장 - 산헤립과 랍사게의 교만을 상대하는 기도

히스기야 왕이 듣고 자기의 옷을 찢고 굵은 베 옷을 입고 여호와의 전으로 갔고...(1~4절)

이사야가 그들에게 이르되 너희는 너희 주에게 이렇게 말하라 여호와께서 이같이 말씀하시되 너희가 들은 바 앗수르 왕의 종들이 나를 능욕한 말로 말미암아 두려워하지 말라...(6~7절)

히스기야가 그 사자들의 손에서 글을 받아 보고 여호와의 전에 올라가서 그 글을 여호와 앞에 펴 놓고...(14~17절)

우리 하나님 여호와여 이제 우리를 그의 손에서 구원하사 천하 만국이 주만이 여호와
이신 줄을 알게 하옵소서 하니라...(20~21절)

네가 훼방하며 능욕한 것은 누구에게냐 네가 소리를 높이며 눈을 높이 들어 향한 것은
누구에게냐 곧 이스라엘의 거룩하신 이에게니라...(23~26절)

네가 나를 거슬러 분노함과 네 오만함이 내 귀에 들렸으므로 내가 갈고리로 네 코를
꿰며 재갈을 네 입에 물려 너를 오던 길로 돌아가게 하리라 하셨나이다...(29~33절)

대저 내가 나를 위하며 내 종 다윗을 위하여 이 성을 보호하며 구원하리라 하셨나이다
하니라...(35~36절)

• 요한계시록 7장 - 큰 환난에서 나온 흰옷 입은 자들의 찬양과 기도

이 일 후에 내가 네 천사가 땅 네 모퉁이에 선 것을 보니 땅의 사방의 바람을 붙잡아
바람으로 하여금 땅에나 바다에나 각종 나무에 불지 못하게 하더라(1절)

이르되 우리가 우리 하나님의 종들의 이마에 인치기까지 땅이나 바다나 나무들을 해
하지 말라 하더라...(3~4절)

이 일 후에 내가 보니 각 나라와 족속과 백성과 방언에서 아무도 능히 셀 수 없는 큰 무
리가 나와 흰 옷을 입고 손에 종려 가지를 들고 보좌 앞과 어린 양 앞에 서서...(9~17절)

III. 묵상을 위한 질문

1. 이스라엘 자손이 강한 일곱 족속의 땅을 차지하게 된 이유는 무엇일까요?(1,4~5)

2. 모세가 40주 40야 금식을 한 이유는 무엇 때문일까요?(7~9,12,14,16~18,25)

3. 여호와를 믿는 성도는 안식일에 어떤 찬송을 불러야 할까요?(92:1~5,12~15)

4. 여호와 하나님의 권위는 어디에서 오는 것일까요?(93:1~2,5)

5. 앗수르의 침공을 받은 히스기야 왕은 여호와께 어떻게 기도했나요?(1,14~17,20)

6. 앗수르왕 산헤립의 교만하고 무례한 침략에 대해 근심한 히스기야 왕의 요청을 받은 이사야는 여호와께 기도한 후 어떤 응답을 받았나요?(2,4,6~7,36)

7. 살아계신 하나님의 인을 받을 자의 수와 대상은 누구일까요?(2,4~8)

8. 이 일 후에 각 나라와 족속과 백성과 방언에서 능히 셀 수 없는 흰 옷을 입은 큰 무리가 나와 어린양 예수를 찬양하는데 이들은 누구일까요?(13~14,17)

Ⅳ. 기도

1. 주여, 받은 복과 평안이 나의 의로부터 비롯되었다고 착각하지 않게 하옵소서.
2. 주여, 주일을 온전히 성수할 수 있도록 인도하여 주시고 늘 찬송하게 하옵소서.
3. 주여, 환난 중에 눈물로 기도하게 하시고 흰 옷을 입은 후 찬송하게 하옵소서.

• 하나님 마음 알아가기 •

• 나에게 주시는 말씀(암송하기) •

• 오늘의 감사(기록하기) •

소외

Ⅰ. 맥체인성경의 통독구조<157>

맥체인성경 통독은 구약과 신약 4장을 읽을 때 특별히 교훈을 찾기 어려운 본문을 만나면 다른 본문을 통해 충분한 교훈을 얻을 수 있는 구조다. 예를 들어 구약에 족보만 나오는 장이 있을 때 신약은 족보와 연관된 풍성한 다른 내용이 펼쳐짐으로 충분한 교훈을 얻게 되는 구조다.

Ⅱ. 핵심구절 읽기

성경본문	신명기 10장	시편 94편	이사야 38장	요한계시록 8장
통일주제	**소외** (疏外, 혐오나 무관심 등으로 주위에서 꺼리며 따돌림)			
개별주제	소외된 고아와 과부를 위해 정의를 행하시는 하나님	소외된 과부와 고아들을 위해 복수하시는 하나님	병으로 죽게 되어 소외당한 왕을 구원하신 하나님	소외당한 성도의 기도로 땅을 심판하시는 하나님
연합내용	**하나님은 모두를 사랑하신다. 죄인도 사랑하신다. 하지만 죄인이 회개의 길을 열어 놓았음에도 돌아오지 않을 때는 심판의 매를 드신다. 반면 인간은 모두를 사랑하지 않는다. 많은 경우 자신에게 이익이 되는 자만을 사랑한다. 가난하고 힘없는 많은 사람을 무시하며 소외시킨다.**			
핵심구절	1~4,8~10,12~13 16~19,22	1~3,6~7,10~14 17~19	1~3,5~6,8, 12~14,17,19~21	1~5,7~12

• 신명기 10장 – 소외된 고아와 과부를 위해 정의를 행하시는 하나님

그 때에 여호와께서 내게 이르시기를 너는 처음과 같은 두 돌판을 다듬어 가지고 산에 올라 내게로 나아오고 또 나무궤 하나를 만들라...(1~4절)

그 때에 여호와께서 레위 지파를 구별하여 여호와의 언약 궤를 메게 하며 여호와 앞에 서서 그를 섬기며 또 여호와의 이름으로 축복하게 하셨으니 그 일은 오늘까지 이르느니라...(8~10절)

이스라엘아 네 하나님 여호와께서 네게 요구하시는 것이 무엇이냐 곧 네 하나님 여호와를 경외하여 그의 모든 도를 행하고 그를 사랑하며 마음을 다하고 뜻을 다하여 네 하나님 여호와를 섬기고...(12~13절)

그러므로 너희는 마음에 할례를 행하고 다시는 목을 곧게 하지 말라...(16~19절)
애굽에 내려간 네 조상들이 겨우 칠십 인이었으나 이제는 네 하나님 여호와께서 너를 하늘의 별 같이 많게 하셨느니라(22절)

• 시편 94편 - 소외된 과부와 고아들을 위해 복수하시는 하나님

여호와여 복수하시는 하나님이여 복수하시는 하나님이여 빛을 비추어 주소서...(1~3절)
과부와 나그네를 죽이며 고아들을 살해하며...(6~7절)
뭇 백성을 징벌하시는 이 곧 지식으로 사람을 교훈하시는 이가 징벌하지 아니하시랴...(10~14절)
여호와께서 내게 도움이 되지 아니하셨더면 내 영혼이 벌써 침묵 속에 잠겼으리로다...(17~19절)

• 이사야 38장 - 병으로 죽게 되어 소외당한 왕을 구원하신 하나님

그 때에 히스기야가 병들어 죽게 되니 아모스의 아들 선지자 이사야가 나아가 그에게 이르되 여호와께서 이같이 말씀하시기를 너는 네 집에 유언하라 네가 죽고 살지 못하리라 하셨나이다 하니...(1~3절)
너는 가서 히스기야에게 이르기를 네 조상 다윗의 하나님 여호와께서 이같이 말씀하시기를 내가 네 기도를 들었고 네 눈물을 보았노라 내가 네 수한에 십오 년을 더하고...(5~6절)
보라 아하스의 해시계에 나아갔던 해 그림자를 뒤로 십 도를 물러가게 하리라 하셨다 하라 하시더니 이에 해시계에 나아갔던 해의 그림자가 십 도를 물러가니라(8절)
나의 거처는 목자의 장막을 걷음 같이 나를 떠나 옮겨졌고 직공이 베를 걷어 말음 같이 내가 내 생명을 말았도다 주께서 나를 틀에서 끊으시리니 조석간에 나를 끝내시리라...(12~14절)
보옵소서 내게 큰 고통을 더하신 것은 내게 평안을 주려 하심이라 주께서 내 영혼을 사랑하사 멸망의 구덩이에서 건지셨고 내 모든 죄를 주의 등 뒤에 던지셨나이다(17절)
오직 산 자 곧 산 자는 오늘 내가 하는 것과 같이 주께 감사하며 주의 신실을 아버지가 그의 자녀에게 알게 하리이다...(19~21절)

일곱째 인을 떼실 때에 하늘이 반 시간쯤 고요하더니...(1~5절)

첫째 천사가 나팔을 부니 피 섞인 우박과 불이 나와서 땅에 쏟아지매 땅의 삼분의 일이 타 버리고 수목의 삼분의 일도 타 버리고 각종 푸른 풀도 타 버렸더라...(7~12절)

Ⅲ. 묵상을 위한 질문

1. 여호와께서는 모세에게 십계명을 쓰고 넣을 무엇과 무엇을 만들라고 했나요? (1~2,4~5)

2. 여호와 하나님이 이스라엘 자손에게 요구하시는 것은 무엇일까요?(12~13,16,20)

3. 시편 기자는 하나님이 교만하고 오만하며 자만한 자에게 어떤 하나님이 되신다고 했나요?(1~2,4,9~10)

4. 시편 기자는 하나님이 어떤 자에게 어떤 복을 주신다고 했나요?(12~15,22)

5. 병들어 죽게된 유다 히스기야 왕은 여호와께 어떤 기도를 드렸나요?(2~6)

6. 이사야는 주께 음성을 듣고 왕에게 어떤 징조와 치료방법을 가르쳐 주었나요? (7~8,21)

7. 금향로에 받은 많은 향과 성도의 기도는 어디에 드려졌나요?(3~5)

8. 천사들이 첫째 나팔을 불 때부터 넷째 나팔을 불 때까지 어떤 일들이 일어났나요? (6~12)

Ⅳ. 기도

1. 주여, 주의 말씀을 받기 위해 늘 합당한 그릇을 준비하는 자가 되게 하옵소서.
2. 주여, 병든 영혼과 육체를 위해 기도하는 자에게 치료의 은혜를 주옵소서.
3. 주여, 환난과 핍박 속에서도 인내의 기도를 함으로 끝까지 승리하게 하옵소서.

· 하나님 마음 알아가기 ·

· 나에게 주시는 말씀(암송하기) ·

· 오늘의 감사(기록하기) ·

Ⅰ. 맥체인성경의 통독구조<158>

맥체인성경의 묵상하기 문제는 성경을 읽어나가면서 바로 성령의 감동을 받아 질문 문제를 작성한다. 읽은 말씀 중에서 여러 요절의 내용으로 문제를 만들 수도 있고 한 요절로 문제를 만들 수도 있다.

Ⅱ. 핵심구절 읽기

성경본문	신명기 11장	시편 95~96편	이사야 39장	요한계시록 9장
통일주제	**행함** (하나님께서 말씀하신 것을 온전히 따름)			
개별주제	하나님이 주신 책무 법도 규례 명령을 행함	크신 하나님께 노래하며 경배함을 힘써 행함	은혜를 잊고 교만한 왕에게 심판예언을 행함	주의 명령을 받은 천사들이 땅에 재앙을 행함
연합내용	**하나님은 모든 만물의 창조주이시며 구원자이시다. 따라서 주관자요 통치자이시다. 그러므로 모든 피조물, 특히 그를 믿고 따르는 자들은 하나님이 주신 모든 말씀을 철저히 경청하고 행하여야 한다.**			
핵심구절	1~3,7,11~17,23 25~29	95:1~3,6~9 96:1~2,4,6~10,13	1~8	1~5,7~11,13~18 20~21

> **· 신명기 11장** - 하나님이 주신 책무 법도 규례 명령을 행함

그런즉 네 하나님 여호와를 사랑하여 그가 주신 책무와 법도와 규례와 명령을 항상 지키라...(1~3절)

너희가 여호와께서 행하신 이 모든 큰 일을 너희의 눈으로 보았느니라(7절)

너희가 건너가서 차지할 땅은 산과 골짜기가 있어서 하늘에서 내리는 비를 흡수하는 땅이요...(11~17절)

여호와께서 그 모든 나라 백성을 너희 앞에서 다 쫓아내실 것이라 너희가 너희보다 강대한 나라들을 차지할 것인즉(23절)

너희의 하나님 여호와께서 너희에게 말씀하신 대로 너희가 밟는 모든 땅 사람들에게 너희를 두려워하고 무서워하게 하시리니 너희를 능히 당할 사람이 없으리라...(25~29절)

• 시편 95~96편 - 크신 하나님께 노래하며 경배함을 힘써 행함

오라 우리가 여호와께 노래하며 우리의 구원의 반석을 향하여 즐거이 외치자...(95편 1~3절)

오라 우리가 굽혀 경배하며 우리를 지으신 여호와 앞에 무릎을 꿇자...(95편 6~9절)

새 노래로 여호와께 노래하라 온 땅이여 여호와께 노래할지어다...(96편 1~2절)

여호와는 위대하시니 지극히 찬양할 것이요 모든 신들보다 경외할 것임이여(96편 4절)

존귀와 위엄이 그의 앞에 있으며 능력과 아름다움이 그의 성소에 있도다...(96편 6~10절)

그가 임하시되 땅을 심판하러 임하실 것임이라 그가 의로 세계를 심판하시며 그의 진실하심으로 백성을 심판하시리로다(96편 13절)

• 이사야 39장 - 은혜를 잊고 교만한 왕에게 심판예언을 행함

그 때에 발라단의 아들 바벨론 왕 므로닥발라단이 히스기야가 병 들었다가 나았다 함을 듣고 히스기야에게 글과 예물을 보낸지라...(1~8절)

• 요한계시록 9장 - 주의 명령을 받은 천사들이 땅에 재앙을 행함

다섯째 천사가 나팔을 불매 내가 보니 하늘에서 땅에 떨어진 별 하나가 있는데 그가 무저갱의 열쇠를 받았더라...(1~5절)

황충들의 모양은 전쟁을 위하여 준비한 말들 같고 그 머리에 금 같은 관 비슷한 것을 썼으며 그 얼굴은 사람의 얼굴 같고...(7~11절)

여섯째 천사가 나팔을 불매 내가 들으니 하나님 앞 금 제단 네 뿔에서 한 음성이 나서...(13~18절)

이 재앙에 죽지 않고 남은 사람들은 손으로 행한 일을 회개하지 아니하고 오히려 여러 귀신과 또는 보거나 듣거나 다니거나 하지 못하는 금, 은, 동과 목석의 우상에게 절하고 ...(20~21절)

III. 묵상을 위한 질문

1. 모세는 거듭 이스라엘 자손에게 무엇을 지키라고 당부했나요?(1,13,18,22,27,32)

2. 모세는 이스라엘 자손에게 여호와의 모든 명령을 지키면 어떤 복을 받는다고 거듭 선포하고 있나요?(8~9,11~12,14~15,21,23~25)

3. 시편 기자는 크신 하나님이시요 왕께 무엇을 하자고 외쳤나요?(95:1~3,5~8)

4. 시편 기자는 여호와를 노래해야 할 이유로 무엇을 들었나요?(96:1~6,10,13)

5. 히스기야 왕은 므로닥발라단 왕의 글과 예물을 받고 무엇을 보여 주었나요?(1~2,4)

6. 이사야는 히스기야 왕이 바벨론 왕 므로닥발라단에게 모든 것을 보여주며 자랑한 것을 보고 어떤 예언을 했나요?(5~8)

7. 다섯째 천사가 나팔을 불었을 때 어떤 일이 일어났나요?(1~4)

8. 여섯째 천사가 나팔을 불었을 때 어떤 일이 일어났나요?(13~18)

IV. 기도

1. 주여, 주께서 주신 책무와 법도와 규례를 잘 준행하여 복을 누리게 하옵소서.
2. 주여, 위대하신 하나님이시요 왕이신 주를 노래하며 온전히 경배하게 하옵소서.
3. 주여, 주의 은혜로 살아감을 잊고 교만함으로 인해 멸망에 이르지 않게 하옵소서.

• 하나님 마음 알아가기 •

• 나에게 주시는 말씀(암송하기) •

• 오늘의 감사(기록하기) •

I. 맥체인성경의 통독구조<159>

맥체인성경 통독은 성경을 내용 중심뿐만이 아니라 적용 중심으로 보게 하는 구조다. 일반적으로 적용은 한 본문일 경우 단면적 교훈을 찾게 된다. 하지만 맥체인 성경은 4장의 본문을 읽는 것이기 때문에 현실상황에 맞는 응용적인 여러 개의 교훈을 찾아 적용할 수 있도록 도와주는 놀라운 구조이다.

II. 핵심구절 읽기

성경본문	신명기 12장	시편 97~98편	이사야 40장	요한계시록 10장
통일주제	**예배** (禮拜, 거룩하신 하나님께 존경과 숭배를 나타내는 의식과 행동)			
개별주제	자기 이름을 두시려고 택하신 곳에서 예배	여호와의 다스림의 심판 거룩한 이름을 예배	영원하시고 위대하신 여호와를 앙망하는 예배	작은 두루마리를 가진 힘센 천사의 순종하는 예배
연합내용	**오직 예배의 대상은 전능하시고 거룩하신 하나님이시다. 하나님 아버지를 예배하는 데는 장소와 내용과 방법이 매우 중요하다. 성전에서 의식을 진행하는 예배와 세상에서 사명을 감당하는 예배가 있다.**			
핵심구절	2~8,11~12,19 23,25,28,30~32	97:1~2,6~7,9~10,12 98:1,4~7,9	1~5,8~10,13~15 18,22~24,26 28~31	1~2,5~11

• 신명기 12장 - 자기 이름을 두시려고 택하신 곳에서 예배

너희가 쫓아낼 민족들이 그들의 신들을 섬기는 곳은 높은 산이든지 작은 산이든지 푸른 나무 아래든지를 막론하고 그 모든 곳을 너희가 마땅히 파멸하며...(2~8절)
너희는 너희의 하나님 여호와께서 자기 이름을 두시려고 택하실 그 곳으로 내가 명령하는 것을 모두 가지고 갈지니 곧 너희의 번제와 너희의 희생과 너희의 십일조와 너희 손의 거제와 너희가 여호와께 서원하는 모든 아름다운 서원물을 가져가고...(11~12절)
너는 삼가 네 땅에 거주하는 동안에 레위인을 저버리지 말지니라(19절)
다만 크게 삼가서 그 피는 먹지 말라 피는 그 생명인즉 네가 그 생명을 고기와 함께 먹지 못하리니(23절)

너는 피를 먹지 말라 네가 이같이 여호와께서 의롭게 여기시는 일을 행하면 너와 네 후손이 복을 누리리라(25절)

내가 네게 명령하는 이 모든 말을 너는 듣고 지키라 네 하나님 여호와의 목전에 선과 의를 행하면 너와 네 후손에게 영구히 복이 있으리라(28절)

너는 스스로 삼가 네 앞에서 멸망한 그들의 자취를 밟아 올무에 걸리지 말라 또 그들의 신을 탐구하여 이르기를 이 민족들은 그 신들을 어떻게 섬겼는고 나도 그와 같이 하겠다 하지 말라...(30~32절)

• 시편 97~98편 - 여호와의 다스림의 심판 거룩한 이름을 예배

여호와께서 다스리시나니 땅은 즐거워하며 허다한 섬은 기뻐할지어다...(97편 1~2절)

하늘이 그의 의를 선포하니 모든 백성이 그의 영광을 보았도다...(97편 6~7절)

여호와여 주는 온 땅 위에 지존하시고 모든 신들보다 위에 계시니이다...(97편 9~10절)

의인이여 너희는 여호와로 말미암아 기뻐하며 그의 거룩한 이름에 감사할지어다(97편 12절)

새 노래로 여호와께 찬송하라 그는 기이한 일을 행하사 그의 오른손과 거룩한 팔로 자기를 위하여 구원을 베푸셨음이로다(98편 1절)

온 땅이여 여호와께 즐거이 소리칠지어다 소리 내어 즐겁게 노래하며 찬송할지어다...(98편 4~7절)

그가 땅을 심판하러 임하실 것임이로다 그가 의로 세계를 판단하시며 공평으로 그의 백성을 심판하시리로다(98편 9절)

• 이사야 40장 - 영원하시고 위대하신 여호와를 앙망하는 예배

너희의 하나님이 이르시되 너희는 위로하라 내 백성을 위로하라...(1~5절)

풀은 마르고 꽃은 시드나 우리 하나님의 말씀은 영원히 서리라 하라...(8~10절)

누가 여호와의 영을 지도하였으며 그의 모사가 되어 그를 가르쳤으랴...(13~15절)

그런즉 너희가 하나님을 누구와 같다 하겠으며 무슨 형상을 그에게 비기겠느냐(18절)

그는 땅 위 궁창에 앉으시나니 땅에 사는 사람들은 메뚜기 같으니라 그가 하늘을 차일 같이 펴셨으며 거주할 천막 같이 치셨고...(22~24절)

너희는 눈을 높이 들어 누가 이 모든 것을 창조하였나 보라 주께서는 수효대로 만상을 이끌어 내시고 그들의 모든 이름을 부르시나니 그의 권세가 크고 그의 능력이 강하므로 하나도 빠짐이 없느니라(26절)

너는 알지 못하였느냐 듣지 못하였느냐 영원하신 하나님 여호와, 땅 끝까지 창조하신 이는 피곤하지 않으시며 곤비하지 않으시며 명철이 한이 없으시며...(28~31절)

• 요한계시록 10장 - 작은 두루마리를 가진 힘센 천사의 순종하는 예배

내가 또 보니 힘 센 다른 천사가 구름을 입고 하늘에서 내려오는데 그 머리 위에 무지개가 있고 그 얼굴은 해 같고 그 발은 불기둥 같으며...(1~2절)

내가 본 바 바다와 땅을 밟고 서 있는 천사가 하늘을 향하여 오른손을 들고...(5~11절)

III. 묵상을 위한 질문

1. 모세는 이스라엘 자손이 차지하게 하신 약속의 땅에 들어갔을 때 예배를 어떻게 드리라고 했나요?(1,5~7,11~12,14,18,26)

2. 모세가 이스라엘 자손에게 절대적으로 금한 두 가지는 무엇일까요?(2~4,23,30)

3. 시편 기자는 하나님의 무엇으로 인하여 예배하라고 했나요?(97:1~2,6~7,9,12)

4. 시편 기자는 하나님께 무엇을 사용하여 예배하라고 했나요?(98:1,4~6,8)

5. 이사야는 영원하시고 위대하신 여호와의 임재와 통치를 어떻게 예언했나요? (3~5,9~10)

6. 영원하신 창조주 하나님은 자신을 앙망하는 자에게 어떤 삶을 주시나요?(28~31)

7. 구름을 입고 하늘에서 내려오는 힘 센 천사는 무엇을 가지고 있었나요?(1~2,8)

8. 힘 센 천사의 모습과 두루마리의 가치와 먹어 버린 요한과는 어떤 함수관계가 있을까요?(1~3,5~11)

Ⅳ. 기도

1. 주여, 하나님 아버지의 이름을 두신 거룩한 곳에서 온전히 예배하게 하옵소서.
2. 주여, 하나님의 성품과 역사를 알고 다양한 방법으로 늘 예배하게 하옵소서.
3. 주여, 하나님의 임재와 통치를 믿고 앙망하여 약속하신 복을 누리게 하옵소서.

• 하나님 마음 알아가기 •

• 나에게 주시는 말씀(암송하기) •

• 오늘의 감사(기록하기) •

I. 맥체인성경의 통독구조<160>

성경을 통독하는 이유는 먼저 내용을 알기 위함이다. 하지만 좀 더 나아가 묵상을 하고 그 내용을 삶에 적용하기 위함이다. 이를 위하여 다양한 사건의 본문을 대하는 것은 통독자에게 매우 유익하다. 한 본문이 아닌 여러 본문 속에서 다양한 적용을 찾아 적용 문제를 만들 수 있기 때문이다.

II. 핵심구절 읽기

성경본문	신명기 13~14장	시편 99~101편	이사야 41장	요한계시록 11장
통일주제	**유일** (有一, 오직 한 분이신 하나님)			
개별주제	거짓된 우상을 용납지 않는 유일하신 진리의 하나님	찬송을 받으시기에 합당한 유일하신 거룩의 하나님	모든 신들 위에 뛰어나신 유일하신 창조주 하나님	온 세상과 천국의 주시요 유일하신 통치자 하나님
연합내용	**여호와 하나님 아버지는 유일하신 참 신이시다. 그러므로 어떤 우상도 용납할 수 없고 오직 찬양을 받으시기에 합당하신 통치자이시다. 우리는 그의 독생자 예수 그리스도를 통해 그 앞에 나가 예배할 수 있다.**			
핵심구절	13:1~3,5,8~9 11,13~16 14:1,3,6,9,11,21~28	99:2~3,5~7,9 100:1~5 101:1~3,6~7	1~4,8~10,13~15 17,20~24,26,29	1~5,7~13,15~18

• **신명기 13~14장** - 거짓된 우상을 용납지 않는 유일하신 진리의 하나님

너희 중에 선지자나 꿈 꾸는 자가 일어나서 이적과 기사를 네게 보이고...(13장 1~3절)

그런 선지자나 꿈 꾸는 자는 죽이라 이는 그가 너희에게 너희를 애굽 땅에서 인도하여 내시며 종 되었던 집에서 속량하신 너희의 하나님 여호와를 배반하게 하려 하며 너희의 하나님 여호와께서 네게 행하라 명령하신 도에서 너를 꾀어내려고 말하였음이라 너는 이같이 하여 너희 중에서 악을 제할지니라(13장 5절)

너는 그를 따르지 말며 듣지 말며 긍휼히 여기지 말며 애석히 여기지 말며 덮어 숨기지 말고...(13장 8~9절)

그리하면 온 이스라엘이 듣고 두려워하여 이같은 악을 다시는 너희 중에서 행하지 못하리라(13장 11절)

너희 가운데서 어떤 불량배가 일어나서 그 성읍 주민을 유혹하여 이르기를 너희가 알지 못하던 다른 신들을 우리가 가서 섬기자 한다 하거든...(13장 13~16절)

너희는 너희 하나님 여호와의 자녀이니 죽은 자를 위하여 자기 몸을 베지 말며 눈썹 사이 이마 위의 털을 밀지 말라(14장 1절)

너는 가증한 것은 무엇이든지 먹지 말라(14장 3절)

짐승 중에 굽이 갈라져 쪽발도 되고 새김질도 하는 모든 것은 너희가 먹을 것이니라 (14장 6절)

물에 있는 모든 것 중에서 이런 것은 너희가 먹을 것이니 지느러미와 비늘 있는 모든 것은 너희가 먹을 것이요(14장 9절)

정한 새는 모두 너희가 먹으려니와(14장 11절)

너희는 너희의 하나님 여호와의 성민이라 스스로 죽은 모든 것은 먹지 말 것이나 그것을 성중에 거류하는 객에게 주어 먹게 하거나 이방인에게 파는 것은 가하니라 너는 염소 새끼를 그 어미의 젖에 삶지 말지니라...(14장 21~28절)

- **시편 99~101편 - 찬송을 받으시기에 합당한 유일하신 거룩한 하나님**

시온에 계시는 여호와는 위대하시고 모든 민족보다 높으시도다...(99편 2~3절)

너희는 여호와 우리 하나님을 높여 그의 발등상 앞에서 경배할지어다 그는 거룩하시도다...(99편 5~7절)

너희는 여호와 우리 하나님을 높이고 그 성산에서 예배할지어다 여호와 우리 하나님은 거룩하심이로다(99편 9절)

온 땅이여 여호와께 즐거운 찬송을 부를지어다...(100편 1~5절)

내가 인자와 정의를 노래하겠나이다 여호와여 내가 주께 찬양하리이다...(101편 1~3절)

내 눈이 이 땅의 충성된 자를 살펴 나와 함께 살게 하리니 완전한 길에 행하는 자가 나를 따르리로다...(101편 6~7절)

- **이사야 41장 - 모든 신들 위에 뛰어나신 유일하신 창조주 하나님**

섬들아 내 앞에 잠잠하라 민족들아 힘을 새롭게 하라 가까이 나아오라 그리고 말하라 우리가 서로 재판 자리에 가까이 나아가자...(1~4절)

그러나 나의 종 너 이스라엘아 내가 택한 야곱아 나의 벗 아브라함의 자손아...(8~10절)

이는 나 여호와 너의 하나님이 네 오른손을 붙들고 네게 이르기를 두려워하지 말라

내가 너를 도우리라 할 것임이니라...(13~15절)

가련하고 가난한 자가 물을 구하되 물이 없어서 갈증으로 그들의 혀가 마를 때에 나 여호와가 그들에게 응답하겠고 나 이스라엘의 하나님이 그들을 버리지 아니할 것이라(17절)

무리가 보고 여호와의 손이 지으신 바요 이스라엘의 거룩한 이가 이것을 창조하신 바인 줄 알며 함께 헤아리며 깨달으리라...(20~24절)

누가 처음부터 이 일을 알게 하여 우리가 알았느냐 누가 이전부터 알게 하여 우리가 옳다고 말하게 하였느냐 알게 하는 자도 없고 들려 주는 자도 없고 너희 말을 듣는 자도 없도다(26절)

보라 그들은 다 헛되며 그들의 행사는 허무하며 그들이 부어 만든 우상들은 바람이요 공허한 것뿐이니라(29절)

• 요한계시록 11장 - 온 세상과 천국의 주시요 유일하신 통치자 하나님

또 내게 지팡이 같은 갈대를 주며 말하기를 일어나서 하나님의 성전과 제단과 그 안에서 경배하는 자들을 측량하되...(1~5절)

그들이 그 증언을 마칠 때에 무저갱으로부터 올라오는 짐승이 그들과 더불어 전쟁을 일으켜 그들을 이기고 그들을 죽일 터인즉...(7~13절)

일곱째 천사가 나팔을 불매 하늘에 큰 음성들이 나서 이르되 세상 나라가 우리 주와 그의 그리스도의 나라가 되어 그가 세세토록 왕 노릇 하시리로다 하니...(15~18절)

III. 묵상을 위한 질문

1. 모세가 이스라엘에게 엄히 경계하도록 명령한 내용은 무엇일까요?(13:1~3,5~10,13)

2. 모세는 또 음식문제와 십일조문제를 어떻게 명령했나요?(14:3,6,9,11,22,28)

3. 시편 기자는 여호와의 가장 근본이 되는 속성으로 무엇을 말했나요?(99:3,5,9)

4. 다윗이 말하는 완전한 마음과 완전한 길은 무엇일까요?(101:1~2,6)

5. 여호와께서는 선택한 이스라엘을 어떻게 대하시겠다고 하셨나요?(8~10,13~15)

6. 여호와께서는 거짓 신들인 우상에게 무엇을 선포하셨나요?(21~24,26~29)

7. 요한은 이방인들이 42개월 동안 거룩한 성을 짓밟을 때 하나님의 두 증인이 나타나 무엇을 할 것이라고 예언했나요?(1~6,10)

8. 일곱째 천사가 나팔을 불 때 들린 음성의 내용과 보여진 장면은 무엇일까요?(15~19)

Ⅳ. 기도

1. 주여, 먹고 마시는 일도 물질의 소유와 사용의 일도 말씀따라 행하게 하옵소서.
2. 주여, 거룩하신 하나님의 자녀로서 완전한 마음과 그 길을 쫓아가게 하옵소서.
3. 주여, 악한 세상에 나가 주께서 주신 능력으로 담대히 복음을 전하게 하옵소서.

• 하나님 마음 알아가기 •

• 나에게 주시는 말씀(암송하기) •

• 오늘의 감사(기록하기) •

Ⅰ. 맥체인성경의 통독구조<161>

4장의 전개를 드라마의 시나리오 구성처럼 생각하고 묵상하라. 우선 등장인물 한 사람의 이야기부터 시작한다. 다음 등장인물을 중심으로 일어난 한 사건의 이야기를 풀어간다. 또한 다른 한 편에서 일어나는 인물과 사건에도 연계하여 내용을 파악, 전개한다. 종합적으로 시나리오를 완성한다.

Ⅱ. 핵심구절 읽기

성경본문	신명기 15장	시편 102편	이사야 42장	요한계시록 12장
통일주제	긍휼 (矜恤, 불쌍하고 가엾게 여겨서 도와줌)			
개별주제	면제와 자유를 허락하시는 하나님의 긍휼	심한 고난에 응답하시는 하나님의 긍휼	흑암에 있는 자를 회복하시는 하나님의 긍휼	아이를 낳고 도망한 여자를 보호하시는 하나님의 긍휼
연합내용	하나님은 모든 영혼을 사랑하시되 특히 죄인과 소외된 자를 긍휼히 여기신다. 채무가 있는 사람, 약하여 고난에 처한 사람, 포로로 잡혀가고 맹인 된 사람, 복음을 위해 핍박을 받는 사람을 불쌍히 여기신다.			
핵심구절	1~2,4,7~9,11 12~14,16~17,19~21	1~5,9,11~12,17 19~21,24,26~27	1~4,6~8,13 16~17,21~25	1~17

> **• 신명기 15장** – 면제와 자유를 허락하시는 하나님의 긍휼

매 칠 년 끝에는 면제하라...(1~2절)

네가 만일 네 하나님 여호와의 말씀만 듣고 내가 오늘 네게 내리는 그 명령을 다 지켜 행하면 네 하나님 여호와께서 네게 기업으로 주신 땅에서 네가 반드시 복을 받으리니 너희 중에 가난한 자가 없으리라(4-5절)

네 하나님 여호와께서 네게 주신 땅 어느 성읍에서든지 가난한 형제가 너와 함께 거주하거든 그 가난한 형제에게 네 마음을 완악하게 하지 말며 네 손을 움켜 쥐지 말고 ...(7~9절)

땅에는 언제든지 가난한 자가 그치지 아니하겠으므로 내가 네게 명령하여 이르노니 너

는 반드시 네 땅 안에 네 형제 중 곤란한 자와 궁핍한 자에게 네 손을 펼지니라(11절)

네 동족 히브리 남자나 히브리 여자가 네게 팔렸다 하자 만일 여섯 해 동안 너를 섬겼거든 일곱째 해에 너는 그를 놓아 자유롭게 할 것이요...(12~14절)

종이 만일 너와 네 집을 사랑하므로 너와 동거하기를 좋게 여겨 네게 향하여 내가 주인을 떠나지 아니하겠노라 하거든...(16~17절)

네 소와 양의 처음 난 수컷은 구별하여 네 하나님 여호와께 드릴 것이니 네 소의 첫 새끼는 부리지 말고 네 양의 첫 새끼의 털은 깎지 말고...(19~21절)

• 시편 102편 - 심한 고난에 응답하시는 하나님의 긍휼

여호와여 내 기도를 들으시고 나의 부르짖음을 주께 상달하게 하소서...(1~5절)

나는 재를 양식 같이 먹으며 나는 눈물 섞인 물을 마셨나이다(9절)

내 날이 기울어지는 그림자 같고 내가 풀의 시들어짐 같으니이다...(11~12절)

여호와께서 빈궁한 자의 기도를 돌아보시며 그들의 기도를 멸시하지 아니하셨도다(17절)

여호와께서 그의 높은 성소에서 굽어보시며 하늘에서 땅을 살펴 보셨으니...(19~21절)

나의 말이 나의 하나님이여 나의 중년에 나를 데려가지 마옵소서 주의 연대는 대대에 무궁하니이다(24절)

천지는 없어지려니와 주는 영존하시겠고 그것들은 다 옷 같이 낡으리니 의복 같이 바꾸시면 바꿔려니와...(26~27절)

• 이사야 42장 - 흑암에 있는 자를 회복하시는 하나님의 긍휼

내가 붙드는 나의 종, 내 마음에 기뻐하는 자 곧 내가 택한 사람을 보라 내가 나의 영을 그에게 주었은즉 그가 이방에 정의를 베풀리라...(1~4절)

나 여호와가 의로 너를 불렀은즉 내가 네 손을 잡아 너를 보호하며 너를 세워 백성의 언약과 이방의 빛이 되게 하리니...(6~8절)

여호와께서 용사 같이 나가시며 전사 같이 분발하여 외쳐 크게 부르시며 그 대적을 크게 치시리로다(13절)

내가 맹인들을 그들이 알지 못하는 길로 이끌며 그들이 알지 못하는 지름길로 인도하며 암흑이 그 앞에서 광명이 되게 하며 굽은 데를 곧게 할 것이라 내가 이 일을 행하여

그들을 버리지 아니하리니...(16~17절)

여호와께서 그의 의로 말미암아 기쁨으로 2)교훈을 크게 하며 존귀하게 하려 하셨으나...(21~25절)

· 요한계시록 12장 – 아이를 낳고 도망한 여자를 보호하시는 하나님의 긍휼

하늘에 큰 이적이 보이니 해를 옷 입은 한 여자가 있는데 그 발 아래에는 달이 있고 그 머리에는 열두 별의 관을 썼더라...(1~17절)

Ⅲ. 묵상을 위한 질문

1. 하나님은 이스라엘 자손에게 재물에 대하여 어떤 원칙을 주셨나요?(1~2,7~11)

2. 채무로 인해 동족을 종으로 둔 자는 일곱째 해에 어떻게 해야 할까요?(12~17)

3. 심한 고난을 당하는 자는 하나님께 어떻게 기도해야 할까요?(1~5,8~9,11)

4. 긍휼하신 하나님은 자기의 백성에게 어떻게 응답하실까요?(13,17~20)

5. 이사야는 주의 종이 나타나 어떤 사역을 할 것이라고 예언했나요?(1~4,6~7,16)

6. 이사야는 여호와의 교훈을 듣지 않는 이스라엘을 무엇에 비유했나요?(18~20,24)

7. 해를 옷 입고 발 아래에 달이 있으며 열 두 별의 관을 쓴 한 여자는 누구이며 어떤 아이를 가졌나요?(1~6)

8. 큰 용, 옛 뱀, 마귀, 사탄, 온 천하를 꾀는 자와 그의 사자들은 하늘전쟁에서 어떻게 되었으며 그 후 무슨 짓을 했을까요?(7~17)

IV. 기도

1. 주여, 주신 재물을 검소히 사용하고 어려운 자와 나누는 삶을 살게 하옵소서.
2. 주여, 고난 중에 기도할 때 긍휼히 여기시는 하나님의 역사를 보게 하옵소서.
3. 주여, 마귀의 유혹과 핍박에 흔들리지 않고 늘 승리하는 자가 되게 하옵소서.

• 하나님 마음 알아가기 •

• 나에게 주시는 말씀(암송하기) •

• 오늘의 감사(기록하기) •

Ⅰ. 맥체인성경의 통독구조<162>

워드링크(Word Link): 단어를 서로 연결한다. 성경 4장에는 같은 단어가 서로 연결되어 있고, 표현이 다른 단어지만 뜻이 같아 연결되어 있다.

Ⅱ. 핵심구절 읽기

성경본문	신명기 16장	시편 103편	이사야 43장	요한계시록 13장
통일주제	**송축** (頌祝, 기쁜 일을 기리고 축하함)			
개별주제	절기를 지킬 수 있도록 소산을 주신 주를 송축	긍휼과 은혜와 용서가 풍성하신 주를 송축	창조와 구속과 지명하여 부르신 주를 송축	신성을 모독하는 짐승을 심판하실 주를 송축
연합내용	**창조주요 구원자이신 여호와 하나님을 송축함이 마땅하다. 특히 송축해야 할 내용과 방법과 시기를 잘 분별하여 합당한 송축을 드려야 하고 사단이나 짐승의 기적을 보고 그릇된 경배에 빠져서는 안 된다.**			
핵심구절	1~3,5~6,9~10 13~19	1~5,8~9,12~14 17~18,20~22	1~4,7~8,10~12 14~15,18~19 21~25	1~8,10,11~18

• 신명기 16장 - 절기를 지킬 수 있도록 소산을 주신 주를 송축

아빕월을 지켜 네 하나님 여호와께 유월절을 행하라 이는 아빕월에 네 하나님 여호와께서 밤에 너를 애굽에서 인도하여 내셨음이라...(1~3절)
유월절 제사를 네 하나님 여호와께서 네게 주신 각 성에서 드리지 말고...(5~6절)
일곱 주를 셀지니 곡식에 낫을 대는 첫 날부터 일곱 주를 세어...(9~10절)
너희 타작 마당과 포도주 틀의 소출을 거두어 들인 후에 이레 동안 초막절을 지킬 것이요...(13~19절)

• 시편 103편 - 긍휼과 은혜와 용서가 풍성하신 주를 송축

내 영혼아 여호와를 송축하라 내 속에 있는 것들아 다 그의 거룩한 이름을 송축하

라...(1~5절)

여호와는 긍휼이 많으시고 은혜로우시며 노하기를 더디 하시고 인자하심이 풍부하시
도다...(8~9절)

동이 서에서 먼 것 같이 우리의 죄과를 우리에게서 멀리 옮기셨으며...(12~14절)

여호와의 인자하심은 자기를 경외하는 자에게 영원부터 영원까지 이르며 그의 의는
자손의 자손에게 이르리니...(17~18절)

능력이 있어 여호와의 말씀을 행하며 그의 말씀의 소리를 듣는 여호와의 천사들이여
여호와를 송축하라...(20~22절)

• 이사야 43장 - 창조와 구속과 지명하여 부르신 주를 송축

야곱아 너를 창조하신 여호와께서 지금 말씀하시느니라 이스라엘아 너를 지으신 이
가 말씀하시느니라 너는 두려워하지 말라 내가 너를 구속하였고 내가 너를 지명하여
불렀나니 너는 내 것이라...(1~4절)

내 이름으로 불려지는 모든 자 곧 내가 내 영광을 위하여 창조한 자를 오게 하라 그를
내가 지었고 그를 내가 만들었느니라...(7~8절)

나 여호와가 말하노라 너희는 나의 증인, 나의 종으로 택함을 입었나니 이는 너희가
나를 알고 믿으며 내가 그인 줄 깨닫게 하려 함이라 나의 전에 지음을 받은 신이 없었
느니라 나의 후에도 없으리라...(10~12절)

너희의 구속자요 이스라엘의 거룩한 이 여호와가 말하노라 너희를 위하여 내가 바벨
론에 사람을 보내어 모든 갈대아 사람에게 자기들이 연락하던 배를 타고 도망하여 내
려가게 하리라...(14~15절)

너희는 이전 일을 기억하지 말며 옛날 일을 생각하지 말라...(18~19절)

이 백성은 내가 나를 위하여 지었나니 나를 찬송하게 하려 함이니라...(21~25절)

• 요한계시록 13장 - 신성을 모독하는 짐승을 심판하실 주를 송축

내가 보니 바다에서 한 짐승이 나오는데 뿔이 열이요 머리가 일곱이라 그 뿔에는 열
왕관이 있고 그 머리들에는 신성모독 하는 이름들이 있더라...(1~8절)

사로잡힐 자는 사로잡혀 갈 것이요 칼에 죽을 자는 마땅히 칼에 죽을 것이니 성도들의

인내와 믿음이 여기 있느니라(10절)
내가 보매 또 다른 짐승이 땅에서 올라오니 어린 양 같이 두 뿔이 있고 용처럼 말을 하더라...(11~18절)

III. 묵상을 위한 질문

1. 여호와께서 이스라엘에게 지키라고 명한 3대 절기는 무엇일까요?(1,10,13,16)

2. 여호와 하나님은 각 성에서 지파를 따라 누구를 세우라고 말씀하셨나요?(18~19)

3. 다윗은 여호와를 송축해야 할 자들이 누구라고 말했나요?(1~2,20~22)

4. 다윗은 여호와 하나님이 우리에 대해서 어떻게 행하신다고 말했나요?(8~13,17)

5. 여호와 하나님은 자신이 창조하시고 구속하신 백성에 대해 어떤 영원한 뜻을 가지고 계실까요?(1~7)

6. 이스라엘의 구속자요 거룩한 이요 왕이신 여호와 하나님은 애굽에서 그들을 구원하셨듯이 어느 나라로부터 구원하실 것이라고 약속하셨나요?(14~17)

7. 바다에서 나온 짐승의 모양과 특징과 하는 일은 무엇일까요?(1~7)

8. 땅에서 올라온 다른 짐승의 모양과 특징과 하는 일은 무엇일까요?(11~17)

IV. 기도

1. 주여, 하나님과 깊은 사귐을 나눌 수 있는 절기와 주일을 성수하게 하옵소서.
2. 주여, 긍휼과 은혜가 풍성하시며 노하기를 더디하시는 주를 송축하게 하옵소서.
3. 주여, 용과 짐승의 미혹과 핍박 앞에서 인내와 믿음으로 승리하게 하옵소서.

• 하나님 마음 알아가기 •

• 나에게 주시는 말씀(암송하기) •

• 오늘의 감사(기록하기) •

Ⅰ. 맥체인성경의 통독구조<163>

미닝링크(Meaning Link): 의미가 서로 연결되어 있다. 신.구약성경 4장을 자세히 살펴보고 묵상하면 같은 의미가 서로 연결되어 있음을 알 수 있다.

Ⅱ. 핵심구절 읽기

성경본문	신명기 17장	시편 104편	이사야 44장	요한계시록 14장
통일주제	이치 (理致, 사물의 정당하고 당연한 조리와 법)			
개별주제	이치에 맞게 삶의 문제를 해결하고 왕을 세움	이치에 맞게 모든 만물이 돌아가도록 창조함	이치를 알지 못하고 우상을 만든 자를 심판함	이치에 맞는 심판이 여러 천사에 의해 진행됨
연합내용	세상의 모든 이치는 창조주 하나님이 수립하셨다. 그러므로 모든 만물은 그 이치에 따라 돌아간다. 오직 사람만이 그것을 거역하고 불순종하였다. 따라서 하나님은 다시 새로운 이치를 정하셨다. 그것은 독생자 예수 그리스도를 통한 구원과 심판의 이치다.			
핵심구절	1~5,8~10,12 14~19	1,8~12,14~15 19~24,27~30,34	1~4,6~9,13 15~17,19~20 24~26,28	1,3~5,6~13 14~20

• 신명기 17장 - 이치에 맞게 삶의 문제를 해결하고 왕을 세움

흠이나 악질이 있는 소와 양은 아무것도 네 하나님 여호와께 드리지 말지니 이는 네 하나님 여호와께 가증한 것이 됨이니라...(1~5절)

네 성중에서 서로 피를 흘렸거나 다투었거나 구타하였거나 서로 간에 고소하여 네가 판결하기 어려운 일이 생기거든 너는 일어나 네 하나님 여호와께서 택하실 곳으로 올라가서...(8~10절)

사람이 만일 무법하게 행하고 네 하나님 여호와 앞에 서서 섬기는 제사장이나 재판장에게 듣지 아니하거든 그 사람을 죽여 이스라엘 중에서 악을 제하여 버리라(12절)

네가 네 하나님 여호와께서 네게 주시는 땅에 이르러 그 땅을 차지하고 거주할 때에 만일 우리도 우리 주위의 모든 민족들 같이 우리 위에 왕을 세워야겠다는 생각이 나거든...(14~19절)

내 영혼아 여호와를 송축하라 여호와 나의 하나님이여 주는 심히 위대하시며 존귀와 권위로 옷 입으셨나이다(1절)

주께서 그들을 위하여 정하여 주신 곳으로 흘러갔고 산은 오르고 골짜기는 내려갔나이다...(8~12절)

그가 가축을 위한 풀과 사람을 위한 채소를 자라게 하시며 땅에서 먹을 것이 나게 하셔서...(14~15절)

여호와께서 달로 절기를 정하심이여 해는 그 지는 때를 알도다...(19~24절)

이것들은 다 주께서 때를 따라 먹을 것을 주시기를 바라나이다...(27~30절)

나의 기도를 기쁘게 여기시기를 바라나니 나는 여호와로 말미암아 즐거워하리로다 (34절)

나의 종 야곱, 내가 택한 이스라엘아 이제 들으라...(1~4절)

이스라엘의 왕인 여호와, 이스라엘의 구원자인 만군의 여호와가 이같이 말하노라 나는 처음이요 나는 마지막이라 나 외에 다른 신이 없느니라...(6~9절)

목공은 줄을 늘여 재고 붓으로 긋고 대패로 밀고 곡선자로 그어 사람의 아름다움을 따라 사람의 모양을 만들어 집에 두게 하며(13절)

이 나무는 사람이 땔감을 삼는 것이거늘 그가 그것을 가지고 자기 몸을 덥게도 하고 불을 피워 떡을 굽기도 하고 신상을 만들어 경배하며 우상을 만들고 그 앞에 엎드리기도 하는구나...(15~17절)

마음에 생각도 없고 지식도 없고 총명도 없으므로 내가 그것의 절반을 불 사르고 또한 그 숯불 위에서 떡도 굽고 고기도 구워 먹었거늘 내가 어찌 그 나머지로 가증한 물건을 만들겠으며 내가 어찌 그 나무 토막 앞에 굴복하리요 말하지 아니하니...(19~20절)

네 구속자요 모태에서 너를 지은 나 여호와가 이같이 말하노라 나는 만물을 지은 여호와라 홀로 하늘을 폈으며 나와 함께 한 자 없이 땅을 펼쳤고...(24~26절)

고레스에 대하여는 이르기를 내 목자라 그가 나의 모든 기쁨을 성취하리라 하며 예루살렘에 대하여는 이르기를 중건되리라 하며 성전에 대하여는 네 기초가 놓여지리라 하는 자니라(28절)

또 내가 보니 보라 어린 양이 시온 산에 섰고 그와 함께 십사만 사천이 서 있는데 그들의 이마에는 어린 양의 이름과 그 아버지의 이름을 쓴 것이 있더라(1절)

그들이 보좌 앞과 네 생물과 장로들 앞에서 새 노래를 부르니 땅에서 속량함을 받은 십사만 사천 밖에는 능히 이 노래를 배울 자가 없더라...(3~5절)

또 보니 다른 천사가 공중에 날아가는데 땅에 거주하는 자들 곧 모든 민족과 종족과 방언과 백성에게 전할 영원한 복음을 가졌더라...(6~13절)

또 내가 보니 흰 구름이 있고 구름 위에 인자와 같은 이가 앉으셨는데 그 머리에는 금 면류관이 있고 그 손에는 예리한 낫을 가졌더라...(14~20절)

Ⅲ. 묵상을 위한 질문

1. 모세는 이스라엘 자손에게 문제가 발생하면 어떻게 해결하라고 했나요?(8~11)

2. 모세는 약속의 땅에서 왕을 세우고자 할 때 어떤 원칙을 지키라고 했나요?(14~19)

3. 시편 기자는 하나님이 창조하신 모든 만물의 조화로움을 보면서 무엇을 할 수 밖에 없었나요?(1,5~15,19~24,31~33,35)

4. 시편 기자는 하나님이 창조하신 모든 만물을 어떻게 새롭게 하신다고 했나요?(30)

5. 이사야는 우상을 만들어 섬기는 무지한 자들을 어떻게 고발하고 있나요?(9~20)

6. 이사야는 불법의 죄와 우상에 이끌린 이스라엘을 향한 하나님의 뜻이 무엇이라고 선포하고 있나요?(21~22)

7. 요한이 본 144,000은 어떤 자들이며 무엇을 하게 된다고 예언했나요?(1~5)

8. 요한은 마지막 때에 성도에게 어떤 두 가지 자세가 필요하다고 했나요?(12~13)

Ⅳ. 기도

1. 주여, 말씀을 옆에 두고 주를 경외하기를 배우며 규례를 지켜 행하게 하옵소서.
2. 주여, 자연만물의 조화를 보며 하나님을 송축할 줄 아는 깊은 영성을 주옵소서.
3. 주여, 이 시대에 하나님의 계명과 예수에 대한 믿음을 지키는 인내를 주옵소서.

• 하나님 마음 알아가기 •

• 나에게 주시는 말씀(암송하기) •

• 오늘의 감사(기록하기) •

I. 맥체인성경의 통독구조<164>

통일성: 구약과 신약은 예수 안에서 연결되고 통일된다. 이것을 통독하면서 찾아 해석하는 구조이다.

II. 핵심구절 읽기

성경본문	신명기 18장	시편 105편	이사야 45장	요한계시록 15장
통일주제	대언 (代言, 하나님의 뜻을 말이나 행동으로 대신 전함)			
개별주제	한 선지자가 하나님의 말씀을 이스라엘에게 대언함	시편 기자가 하나님의 하신 일을 만민에게 대언함	고레스가 하나님의 회복하심을 이스라엘에게 대언함	일곱천사가 일곱 대접 재앙을 받아 하나님의 뜻을 대언함
연합내용	하나님은 거룩하시다. 인간은 죄인이다. 그러므로 하나님은 대언자를 세워 친히 자신의 뜻을 전하신다. 대언자가 때로는 말로, 때로는 행동으로, 때로는 상징적 사건을 일으킴으로 주의 뜻을 대언하는 것이다.			
핵심구절	1~5,9~11,13 15~16,18~22	1~3,5~6,8 10~15,17~19,23 26~27,37~42,45	1~6,11~14,17 20~22	1~8

• 신명기 18장 - 한 선지자가 하나님의 말씀을 이스라엘에게 대언함

레위 사람 제사장과 레위의 온 지파는 이스라엘 중에 분깃도 없고 기업도 없을지니 그들은 여호와의 화제물과 그 기업을 먹을 것이라...(1~5절)

네 하나님 여호와께서 네게 주시는 땅에 들어가거든 너는 그 민족들의 가증한 행위를 본받지 말 것이니...(9~11절)

너는 네 하나님 여호와 앞에서 완전하라(13절)

네 하나님 여호와께서 너희 가운데 네 형제 중에서 너를 위하여 나와 같은 선지자 하나를 일으키시리니 너희는 그의 말을 들을지니라...(15~16절)

내가 그들의 형제 중에서 너와 같은 선지자 하나를 그들을 위하여 일으키고 내 말을 그 입에 두리니 내가 그에게 명령하는 것을 그가 무리에게 다 말하리라...(18~22절)

여호와께 감사하고 그의 이름을 불러 아뢰며 그가 하는 일을 만민 중에 알게 할지어다...(1~3절)

그의 종 아브라함의 후손 곧 택하신 야곱의 자손 너희는 그가 행하신 기적과 그의 이적과 그의 입의 판단을 기억할지어다(5-6절)

그는 그의 언약 곧 천 대에 걸쳐 명령하신 말씀을 영원히 기억하셨으니(8절)

야곱에게 세우신 율례 곧 이스라엘에게 하신 영원한 언약이라...(10~15절)

그가 한 사람을 앞서 보내셨음이여 요셉이 종으로 팔렸도다...(17~19절)

이에 이스라엘이 애굽에 들어감이여 야곱이 함의 땅에 나그네가 되었도다(23절)

그리하여 그는 그의 종 모세와 그의 택하신 아론을 보내시니...(26~27절)

마침내 그들을 인도하여 은 금을 가지고 나오게 하시니 그의 지파 중에 비틀거리는 자가 하나도 없었도다...(37~42절)

이는 그들이 그의 율례를 지키고 그의 율법을 따르게 하려 하심이로다 할렐루야(45절)

여호와께서 그의 기름 부음을 받은 고레스에게 이같이 말씀하시되 내가 그의 오른손을 붙들고 그 앞에 열국을 항복하게 하며 내가 왕들의 허리를 풀어 그 앞에 문들을 열고 성문들이 닫히지 못하게 하리라...(1~6절)

이스라엘의 거룩하신 이 곧 이스라엘을 지으신 여호와께서 이같이 이르시되 너희가 장래 일을 내게 물으며 또 내 아들들과 내 손으로 한 일에 관하여 내게 명령하려느냐...(11~14절)

이스라엘은 여호와께 구원을 받아 영원한 구원을 얻으리니 너희가 영원히 부끄러움을 당하거나 욕을 받지 아니하리로다(17절)

열방 중에서 피난한 자들아 너희는 모여 오라 함께 가까이 나아오라 나무 우상을 가지고 다니며 구원하지 못하는 신에게 기도하는 자들은 무지한 자들이니라...(20~22절)

또 하늘에 크고 이상한 다른 이적을 보매 일곱 천사가 일곱 재앙을 가졌으니 곧 마지막 재앙이라 하나님의 진노가 이것으로 마치리로다...(1~8절)

Ⅲ. 묵상을 위한 질문

1. 여호와께서 레위지파에게 분깃과 기업을 주시지 않은 이유는 무엇일까요?(1~2,5)

2. 여호와께서 세우신 선지자가 주의 말씀을 전할 때 그 말이 여호와의 말인지 선지자 마음대로 전한 말인지를 무엇으로 알 수 있을까요?(18,20~22)

3. 시편 기자는 여호와께서 이스라엘 자손과 무엇을 맺었다고 말했나요?(7~11)

4. 시편 기자는 여호와께서 이스라엘 자손과 맺은 언약을 지키시기 위하여 어떤 역사를 펼치셨다고 말했나요?(17~42)

5. 여호와께서 포로된 이스라엘을 회복시키시기 위하여 누구를 세우셨나요?(1~5)

6. 이사야는 창조주 하나님이 참 신이심을 무엇으로 대언하고 있나요?(13~15,18~21)

7. 요한이 다시 본 하늘에 나타난 두 환상은 무엇이었나요?(1~4)

8. 요한은 네 생물 중의 하나가 일곱 천사에게 전해 주는 무엇을 보았나요?(6~7)

Ⅳ. 기도

1. 주여, 레위지파처럼 세상의 것을 없게 하사 당신 곁에 두심을 알게 하옵소서.
2. 주여, 선민이 출애굽을 통해 언약을 믿듯 십자가를 통해 약속을 믿게 하옵소서.
3. 주여, 마지막 일곱대접재앙을 생각하고 구원을 이루기 위해 깨어있게 하옵소서.

• 하나님 마음 알아가기 •

• 나에게 주시는 말씀(암송하기) •

• 오늘의 감사(기록하기) •

I. 맥체인성경의 통독구조<165>

구약 2장, 신약 2장을 읽을 때 제일 먼저 읽는 구약성경에서 가능한 주제를 모두 묵상하고 그 다음 신약을 읽을 때 연관된 주제를 찾은 후, 그 다음부터 구약 그리고 신약에서 주제를 점점 좁혀가는 묵상구조이다.

II. 핵심구절 읽기

성경본문	신명기 19장	시편 106편	이사야 46장	요한계시록 16장
통일주제	**배려** (配慮, 여러 가지로 마음을 써서 보살피고 도와줌)			
개별주제	실수로 범죄한 자를 보호하는 도피성 제도의 배려	악한 이스라엘을 향해 심판을 중단하신 배려	패역하고 완악한 선민을 자녀같이 감싸 주신 배려	배려 할 수 없는 완전 타락한 자를 향한 큰 재앙
연합내용	**하나님의 모든 관심과 역사는 사람에게 있다. 왜냐하면 자기의 형상대로 창조한 존재이기 때문이다. 그래서 혹 연약하여 실수했을 때나 고의로 범죄하여 불순종을 했을 때에도 한없이 인자와 자비하심으로 배려해 주신다. 반면 완전타락한 자에게는 오직 심판을 행하실 뿐이다.**			
핵심구절	2~4,6,13~19,21	1,3~5,8~9,13~15 19~21,23~30 32~37,40~46	1~4,6~10,12~13	1~11,12~21

• **신명기 19장** – 실수로 범죄한 자를 보호하는 도피성 제도의 배려

네 하나님 여호와께서 네게 기업으로 주신 땅 가운데에서 세 성읍을 너를 위하여 구별하고...(2~4절)

그 사람이 그에게 본래 원한이 없으니 죽이기에 합당하지 아니하나 두렵건대 그 피를 보복하는 자의 마음이 복수심에 불타서 살인자를 뒤쫓는데 그 가는 길이 멀면 그를 따라 잡아 죽일까 하노라(6절)

네 눈이 그를 긍휼히 여기지 말고 무죄한 피를 흘린 죄를 이스라엘에서 제하라 그리하면 네게 복이 있으리라...(13~19절)

네 눈이 긍휼히 여기지 말라 생명에는 생명으로, 눈에는 눈으로, 이에는 이로, 손에는

손으로, 발에는 발로이니라(21절)

• 시편 106편 - 악한 이스라엘을 향해 심판을 중단하신 배려

할렐루야 여호와께 감사하라 그는 선하시며 그 인자하심이 영원함이로다(1절)

정의를 지키는 자들과 항상 공의를 행하는 자는 복이 있도다...(3~5절)

그러나 여호와께서는 자기의 이름을 위하여 그들을 구원하셨으니 그의 큰 권능을 만인이 알게 하려 하심이로다...(8~9절)

그러나 그들은 그가 행하신 일을 곧 잊어버리며 그의 가르침을 기다리지 아니하고...(13~15절)

그들이 호렙에서 송아지를 만들고 부어 만든 우상을 경배하여...(19~21절)

그러므로 여호와께서 그들을 멸하리라 하셨으나 그가 택하신 모세가 그 어려움 가운데에서 그의 앞에 서서 그의 노를 돌이켜 멸하시지 아니하게 하였도다...(23~30절)

그들이 또 므리바 물에서 여호와를 노하시게 하였으므로 그들 때문에 재난이 모세에게 이르렀나니...(32~37절)

그러므로 여호와께서 자기 백성에게 맹렬히 노하시며 자기의 유업을 미워하사...(40~46절)

• 이사야 46장 - 패역하고 완악한 선민을 자녀같이 감싸주신 배려

벨은 엎드러졌고 느보는 구부러졌도다 그들의 우상들은 짐승과 가축에게 실렸으니 너희가 떠메고 다니던 그것들이 피곤한 짐승의 무거운 짐이 되었도다...(1~4절)

사람들이 주머니에서 금을 쏟아 내며 은을 저울에 달아 도금장이에게 주고 그것으로 신을 만들게 하고 그것에게 엎드려 경배하며...(6~10절)

마음이 완악하여 공의에서 멀리 떠난 너희여 내게 들으라...(12~13절)

• 요한계시록 16장 - 배려 할 수 없는 완전 타락한 자를 향한 큰 재앙

또 내가 들으니 성전에서 큰 음성이 나서 일곱 천사에게 말하되 너희는 가서 하나님의 진노의 일곱 대접을 땅에 쏟으라 하더라...(1~11절)

또 여섯째 천사가 그 대접을 큰 강 유브라데에 쏟으매 강물이 말라서 동방에서 오는 왕들의 길이 예비되었더라...(12~21절)

Ⅲ. 묵상을 위한 질문

1. 여호와께서 약속의 땅에 도피성을 두라고 하신 이유는 무엇일까요?(2~3,6~7)

2. 모든 악과 죄에 대하여 재판을 할 때에 어떤 원칙을 지켜야 할까요?(15~19,21)

3. 시편기자는 이스라엘이 은혜를 잊어버리고 하나님을 시험했음에도 불구하고 그들이 요구하는 것을 들어 주셨음은 무엇 때문이라고 했나요?(1,7~8,13~15,21,23)

4. 시편기자는 모세가 약속의 땅에 들어가지 못함의 원인을 어떻게 말했나요?(32~33)

5. 이사야는 하나님이 이스라엘을 언제부터 어떻게 대하셨다고 말했나요?(3~4)

6. 이사야는 하나님이 선민에 대하여 어떻게 행하실 것이라고 예언했나요?(9~13)

7. 하나님의 진노의 일곱 대접 중에 첫째 대접부터 다섯째 대접까지는 어떤 재앙이며 누구에게 임할까요?(1~11)

8. 여섯째 대접부터 일곱째 대접까지는 어떤 재앙이며 누구에게 임할까요?(12~21)

Ⅳ. 기도

1. 주여, 신앙생활 중에 문제가 생기면 증인을 세우고 위증을 하지 않게 하옵소서.
2. 주여, 죄를 지었음에도 삶이 형통하고 응답이 있을 때 바로 근신하게 하옵소서.
3. 주여, 끝까지 회개하지 않고 마귀를 쫓는 자에게 심판이 있음을 알게 하옵소서.

• 하나님 마음 알아가기 •

• 나에게 주시는 말씀(암송하기) •

• 오늘의 감사(기록하기) •

Ⅰ. 맥체인성경의 통독구조<166>

네 권의 책을 한 장씩 읽을 때 먼저 각 장마다 전체적인 내용을 파악하고 핵심주제 2개 이상을 찾는다. 그 다음 각 장의 주제를 비교하여 동일한 것을 연결하여 묵상하는 구조이다.

Ⅱ. 핵심구절 읽기

성경본문	신명기 20장	시편 107편	이사야 47장	요한계시록 17장
통일주제	**시각** (視角, 사물이나 현상을 바라보거나 파악하는 각도 또는 입장)			
개별주제	전쟁 앞에 있는 이스라엘이 적을 보는 시각	고난 중에 있는 자가 주 하나님을 보는 시각	자기 자신을 잘못 이해하는 바벨론의 시각	요한이 큰 음녀와 여자와 짐승을 보는 시각
연합내용	**하나님의 백성은 믿음의 시각을 가져야 한다. 전쟁에서 적을 보는 시각, 고난 중에 주를 보는 시각, 미래에 일어날 일을 보는 시각이 신앙적이어야 한다. 반면 자신을 과대평가하는 시각은 멸망을 부른다.**			
핵심구절	1~8,10~16 19~20	4~12,17~20 23~30,34,38~39 41	1~3,5~11,13,15	1~5,6~8,9~13 14,15,16,17,18

• 신명기 20장 – 전쟁 앞에 있는 이스라엘이 적을 보는 시각

네가 나가서 적군과 싸우려 할 때에 말과 병거와 백성이 너보다 많음을 볼지라도 그들을 두려워하지 말라 애굽 땅에서 너를 인도하여 내신 네 하나님 여호와께서 너와 함께 하시느니라...(1~8절)

네가 어떤 성읍으로 나아가서 치려 할 때에는 그 성읍에 먼저 화평을 선언하라...(10~16절)

너희가 어떤 성읍을 오랫동안 에워싸고 그 성읍을 쳐서 점령하려 할 때에도 도끼를 둘러 그 곳의 나무를 찍어내지 말라 이는 너희가 먹을 것이 될 것임이니 찍지 말라 들의 수목이 사람이냐 너희가 어찌 그것을 에워싸겠느냐...(19~20절)

• 시편 107편 - 고난 중에 있는 자가 주 하나님을 보는 시각

그들이 광야 사막 길에서 방황하며 거주할 성읍을 찾지 못하고...(4~12절)

미련한 자들은 그들의 죄악의 길을 따르고 그들의 악을 범하기 때문에 고난을 받아...(17~20절)

배들을 바다에 띄우며 큰 물에서 일을 하는 자는...(23~30절)

그 주민의 악으로 말미암아 옥토가 변하여 염전이 되게 하시며(34절)

또 복을 주사 그들이 크게 번성하게 하시고 그의 가축이 감소하지 아니하게 하실지라도...(38~39절)

궁핍한 자는 그의 고통으로부터 건져 주시고 그의 가족을 양 떼 같이 지켜 주시나니(41절)

• 이사야 47장 - 자기 자신을 잘못 이해하는 바벨론의 시각

처녀 딸 바벨론이여 내려와서 티끌에 앉으라 딸 갈대아여 보좌가 없어졌으니 땅에 앉으라 네가 다시는 곱고 아리땁다 일컬음을 받지 못할 것임이라...(1~3절)

딸 갈대아여 잠잠히 앉으라 흑암으로 들어가라 네가 다시는 여러 왕국의 여주인이라 일컬음을 받지 못하리라...(5~11절)

네가 많은 계략으로 말미암아 피곤하게 되었도다 하늘을 살피는 자와 별을 보는 자와 초하룻날에 예고하는 자들에게 일어나 네게 임할 그 일에서 너를 구원하게 하여 보라(13절)

네가 같이 힘쓰던 자들이 네게 이같이 되리니 어려서부터 너와 함께 장사하던 자들이 각기 제 길로 흩어지고 너를 구원할 자가 없으리라(15절)

• 요한계시록 17장 - 요한이 큰 음녀와 여자와 짐승을 보는 시각

또 일곱 대접을 가진 일곱 천사 중 하나가 와서 내게 말하여 이르되 이리로 오라 많은 물 위에 앉은 큰 음녀가 받을 심판을 네게 보이리라...(1~5절)

또 내가 보매 이 여자가 성도들의 피와 예수의 증인들의 피에 취한지라 내가 그 여자를 보고 놀랍게 여기고 크게 놀랍게 여기니...(6~8절)

지혜 있는 뜻이 여기 있으니 그 일곱 머리는 여자가 앉은 일곱 산이요...(9~13절)

그들이 어린 양과 더불어 싸우려니와 어린 양은 만주의 주시요 만왕의 왕이시므로 그들을 이기실 터이요 또 그와 함께 있는 자들 곧 부르심을 받고 택하심을 받은 진실한 자들도 이기리로다(14절)

또 천사가 내게 말하되 네가 본 바 음녀가 앉아 있는 물은 백성과 무리와 열국과 방언들이니라(15절)

네가 본 바 이 열 뿔과 짐승은 음녀를 미워하여 망하게 하고 벌거벗게 하고 그의 살을 먹고 불로 아주 사르리라 (16절)

이는 하나님이 자기 뜻대로 할 마음을 그들에게 주사 한 뜻을 이루게 하시고 그들의 나라를 그 짐승에게 주게 하시되 하나님의 말씀이 응하기까지 하심이라(17절)

또 네가 본 그 여자는 땅의 왕들을 다스리는 큰 성이라 하더라(18절)

Ⅲ. 묵상을 위한 질문

1. 모세는 제사장과 책임자들에게 전쟁에 나가기 전에 이스라엘을 향하여 어떤 말을 전하라고 했나요?(1~4,5~8)

2. 모세가 이스라엘에게 가르쳐 준 세 가지 전쟁 전략은 무엇일까요?(10,16,20)

3. 시편기자가 거듭 반복하여 하나님을 찬양하는 내용은 무엇일까요?(8,15,21,31)

4. 시편기자는 하나님이 고통당하는 자에게 구체적으로 어떻게 행하여 주신다고 했나요?(4~7,9~14,20,26~30)

5. 이사야는 바벨론의 멸망의 원인이 어디에 있다고 말했나요?(6~8,10)

6. 이사야는 무엇들이 바벨론을 멸망에서 구원할 수 없다고 말했나요?(13,15)

7. 요한이 본 많은 물 위에 앉은 큰 음녀는 무엇일까요?(1~2,15)

8. 요한이 본 붉은 빛 짐승과 그 것을 탄 여자는 무엇일까요?(3~13,16,18)

Ⅳ. 기도

1. 주여, 세상에 나가 부조리와 불법에 대항하여 싸울 때 담대한 마음을 주옵소서.
2. 주여, 범사에 여호와의 인자하심과 인생에게 행하신 기적을 찬송하게 하옵소서.
3. 주여, 구원이 거짓 선지자나 세상의 친구나 동업자들에게 없음을 알게 하옵소서.

• 하나님 마음 알아가기 •

• 나에게 주시는 말씀(암송하기) •

• 오늘의 감사(기록하기) •

Ⅰ. 맥체인성경의 통독구조<167>

먼저 첫 번째 장을 읽을 때 전체 줄거리 중에서 몇 개의 주제를 찾고 이어 두 번째 장을 읽을 때 그 중 같은 주제를 찾아 연관 짓는다. 이어 세 번째, 네 번째 장을 읽으면서 통일된 한 개의 주제로 압축하는 통독구조이다.

Ⅱ. 핵심구절 읽기

성경본문	신명기 21장	시편 108~109편	이사야 48장	요한계시록 18장
통일주제	**제거** (除去, 어떤 사물이나 현상 따위를 없어지게 함)			
개별주제	선민 안에서 피살의 의구심과 불효자를 제거	이유없이 다윗을 괴롭히는 악한 자를 제거	이스라엘과 유다의 불의와 외식의 죄를 제거	음행과 사치를 일삼던 음녀 바벨론을 제거
연합내용	**하나님이 천지만물을 창조하셨을 때는 보시기에 심히 좋았다. 하지만 사람이 타락하면서 세상은 더러워지고 악해졌다. 마침내 거룩하신 하나님은 이 모든 악함, 회개치 않는 죄인, 사악한 마귀를 제거하신다.**			
핵심구절	1~9,11~13 16~21,23	108:1~5,11~13 109:4~11,16~18 21~22,26~28	1~4,6~11,14~15 17~19,22	2~3,4~8,9~10 11~13,14~19,20 21~23,24

• **신명기 21장** - 선민 안에서 피살의 의구심과 불효자를 제거

네 하나님 여호와께서 네게 주어 차지하게 하신 땅에서 피살된 시체가 들에 엎드러진 것을 발견하고 그 쳐죽인 자가 누구인지 알지 못하거든...(1~9절)

네가 만일 그 포로 중의 아리따운 여자를 보고 그에게 연연하여 아내를 삼고자 하거든...(11~13절)

자기의 소유를 그의 아들들에게 기업으로 나누는 날에 그 사랑을 받는 자의 아들을 장자로 삼아 참 장자 곧 미움을 받는 자의 아들보다 앞세우지 말고...(16~21절)

그 시체를 나무 위에 밤새도록 두지 말고 그 날에 장사하여 네 하나님 여호와께서 네게 기업으로 주시는 땅을 더럽히지 말라 나무에 달린 자는 하나님께 저주를 받았음이니라(23절)

• 시편 108~109편 - 이유없이 다윗을 괴롭히는 악한 자를 제거

하나님이여 내 마음을 정하였사오니 내가 노래하며 나의 마음을 다하여 찬양하리로다...(108편 1~5절)

하나님이여 주께서 우리를 버리지 아니하셨나이까 하나님이여 주께서 우리의 군대들과 함께 나아가지 아니하시나이다...(108편 11~13절)

나는 사랑하나 그들은 도리어 나를 대적하니 나는 기도할 뿐이라...(109편 4~11절)

그가 인자를 베풀 일을 생각하지 아니하고 가난하고 궁핍한 자와 마음이 상한 자를 핍박하여 죽이려 하였기 때문이니이다...(109편 16~18절)

그러나 주 여호와여 주의 이름으로 말미암아 나를 선대하소서 주의 인자하심이 선하시오니 나를 건지소서...(109편 21~22절)

여호와 나의 하나님이여 나를 도우시며 주의 인자하심을 따라 나를 구원하소서...(109편 26~28절)

• 이사야 48장 - 이스라엘과 유다의 불의와 외식의 죄를 제거

야곱의 집이여 이를 들을지어다 너희는 이스라엘의 이름으로 일컬음을 받으며 유다의 허리에서 나왔으며 여호와의 이름으로 맹세하며 이스라엘의 하나님을 기념하면서도 진실이 없고 공의가 없도다...(1~4절)

네가 들었으니 이 모든 것을 보라 너희가 선전하지 아니하겠느냐 이제부터 내가 새 일 곧 네가 알지 못하던 은비한 일을 네게 듣게 하노니...(6~11절)

너희는 다 모여 들으라 나 여호와가 사랑하는 자는 나의 기뻐하는 뜻을 바벨론에 행하리니 그의 팔이 갈대아인에게 임할 것이라 그들 중에 누가 이 일들을 알게 하였느냐...(14~15절)

너희의 구속자시요 이스라엘의 거룩하신 이이신 여호와께서 이르시되 나는 네게 유익하도록 가르치고 너를 마땅히 행할 길로 인도하는 네 하나님 여호와라...(17~19절)

여호와께서 말씀하시되 악인에게는 평강이 없다 하셨느니라(22절)

• 요한계시록 18장 - 음행과 사치를 일삼던 음녀 바벨론을 제거

힘찬 음성으로 외쳐 이르되 무너졌도다 무너졌도다 큰 성 바벨론이여 귀신의 처소와 각종 더러운 영이 모이는 곳과 각종 더럽고 가증한 새들이 모이는 곳이 되었도다...(2~3절)

또 내가 들으니 하늘로부터 다른 음성이 나서 이르되 내 백성아, 거기서 나와 그의 죄에 참여하지 말고 그가 받을 재앙들을 받지 말라...(4~8절)

그와 함께 음행하고 사치하던 땅의 왕들이 그가 불타는 연기를 보고 위하여 울고 가슴을 치며...(9~10절)

땅의 상인들이 그를 위하여 울고 애통하는 것은 다시 그들의 상품을 사는 자가 없음이라...(11~13절)

바벨론아 네 영혼이 탐하던 과일이 네게서 떠났으며 맛있는 것들과 빛난 것들이 다 없어졌으니 사람들이 결코 이것들을 다시 보지 못하리로다...(14~19절)

하늘과 성도들과 사도들과 선지자들아, 그로 말미암아 즐거워하라 하나님이 너희를 위하여 그에게 심판을 행하셨음이라 하더라(20절)

이에 한 힘 센 천사가 큰 맷돌 같은 돌을 들어 바다에 던져 이르되 큰 성 바벨론이 이같이 비참하게 던져져 결코 다시 보이지 아니하리로다...(21~23절)

선지자들과 성도들과 및 땅 위에서 죽임을 당한 모든 자의 피가 그 성 중에서 발견되었느니라 하더라(24절)

Ⅲ. 묵상을 위한 질문

1. 모세는 약속의 땅에서 피살 사건이 있을 때 어떻게 처리하라고 했나요?(1~9)

2. 모세는 미움 받는 장자와 패역한 아들에 대하여 어떤 법을 주었나요?(15~21)

3. 다윗은 하나님이 성소에서 하시는 어떤 내용의 말씀을 들었나요?(108:7~9)

4. 다윗이 주께 원수를 향해 저주의 기도를 드린 이유는 무엇일까요?(109:2~13)

5. 여호와 하나님은 이사야를 통해서 자신이 배반한 이스라엘을 구원하는 이유가 무엇이라고 말씀하셨나요?(8~11)

6. 여호와 하나님은 이스라엘을 과거에 어느 나라에서 구속하셨고 앞으로는 어느 나라에서 구속하신다고 하셨나요?(20~21)

7. 귀신의 처소요 각종 더러운 영이 모이는 바벨론은 어떤 죄를 저질렀나요?(2~5,7)

8. 바벨론과 함께하던 땅의 상인들은 어떤 상품을 팔고 어떤 영광을 누리다가 결국 하나님의 진노의 심판을 받게 될까요?(11~13,15~19)

IV. 기도

1. 주여, 쓸데없는 의심을 품지 않게 하시고 패역한 불효자가 되지 않게 하옵소서.
2. 주여, 미래를 주관하시는 하나님께 우리의 문제를 맡기오니 풀어 주시옵소서.
3. 주여, 땅의 사치와 음행을 쫓지 말게 하시고 오직 성도의 길을 걷게 하옵소서.

• 하나님 마음 알아가기 •

• 나에게 주시는 말씀(암송하기) •

• 오늘의 감사(기록하기) •

통치

Ⅰ. 맥체인성경의 통독구조<168>

워드링크를 할 때 꼭 네 장 중에 같은 단어만을 뽑는 것은 아니다. 한 단어만 뽑더라도 다른 장에서 비슷한 단어가 나오면 연결할 수 있다. 전혀 단어로 연결이 되지 않을 때는 네 장의 모든 내용을 담을 수 있는 새로운 단어를 제시하면 된다.

Ⅱ. 핵심구절 읽기

성경본문	신명기 22장	시편 110~111편	이사야 49장	요한계시록 19장
통일주제	**통치** (統治, 주권자가 나라나 지역을 도맡아 다스림)			
개별주제	이웃의 소유와 가정의 순결을 지키시는 통치	권능의 규로 진실과 정의를 실현하시는 통치	이방의 빛을 위해 선민을 회복시키시는 통치	어린 양의 혼인잔치와 백마를 탄 자의 통치
연합내용	**하나님은 창조하신 모든 우주만물을 통치하신다. 자연도 다스리시고 질서를 위해 법을 만들어 인간사회도 통치하신다. 최후에는 인류의 구원과 심판을 위해 예수 그리스도를 보내셔서 우주적인 통치를 하신다.**			
핵심구절	1~2,5,7~8 13~15,17~21 25~29	110:1~4 111:3~8,10	1~6,8,14~17 22~23,25~26	1~2,6~10,11~16 19~21

• 신명기 22장 - 이웃의 소유와 가정의 순결을 지키시는 통치

네 형제의 소나 양이 길 잃은 것을 보거든 못 본 체하지 말고 너는 반드시 그것들을 끌어다가 네 형제에게 돌릴 것이요...(1~2절)

여자는 남자의 의복을 입지 말 것이요 남자는 여자의 의복을 입지 말 것이라 이같이 하는 자는 네 하나님 여호와께 가증한 자이니라(5절)

어미는 반드시 놓아 줄 것이요 새끼는 취하여도 되나니 그리하면 네가 복을 누리고 장수하리라...(7~8절)

누구든지 아내를 맞이하여 그에게 들어간 후에 그를 미워하여...(13~15절)

비방거리를 만들어 말하기를 내가 네 딸에게서 처녀임을 보지 못하였노라 하나 보라 내 딸의 처녀의 표적이 이것이라 하고 그 부모가 그 자리옷을 그 성읍 장로들 앞에 펼

것이요...(17~21절)

만일 남자가 어떤 약혼한 처녀를 들에서 만나서 강간하였으면 그 강간한 남자만 죽일 것이요...(25~29절)

• 시편 110~111편 - 권능의 규로 진실과 정의를 실현하시는 통치

여호와께서 내 주에게 말씀하시기를 내가 네 원수들로 네 발판이 되게 하기까지 너는 내 오른쪽에 앉아 있으라 하셨도다...(110편 1~4절)

그의 행하시는 일이 존귀하고 엄위하며 그의 의가 영원히 서 있도다...(111편 3~8절)

여호와를 경외함이 지혜의 근본이라 그의 계명을 지키는 자는 다 훌륭한 지각을 가진 자이니 여호와를 찬양함이 영원히 계속되리로다(111편 10절)

• 이사야 49장 - 이방의 빛을 위해 선민을 회복시키시는 통치

섬들아 내게 들으라 먼 곳 백성들아 귀를 기울이라 여호와께서 태에서부터 나를 부르셨고 내 어머니의 복중에서부터 내 이름을 기억하셨으며...(1~6절)

여호와께서 이같이 이르시되 은혜의 때에 내가 네게 응답하였고 구원의 날에 내가 너를 도왔도다 내가 장차 너를 보호하여 너를 백성의 언약으로 삼으며 나라를 일으켜 그들에게 그 황무하였던 땅을 기업으로 상속하게 하리라(8절)

오직 시온이 이르기를 여호와께서 나를 버리시며 주께서 나를 잊으셨다 하였거니와...(14~17절)

주 여호와가 이같이 이르노라 내가 뭇 나라를 향하여 나의 손을 들고 민족들을 향하여 나의 기치를 세울 것이라 그들이 네 아들들을 품에 안고 네 딸들을 어깨에 메고 올 것이며...(22~23절)

여호와가 이같이 말하노라 용사의 포로도 빼앗을 것이요 두려운 자의 빼앗은 것도 건져낼 것이니 이는 내가 너를 대적하는 자를 대적하고 네 자녀를 내가 구원할 것임이라...(25~26절)

• 요한계시록 19장 - 어린 양의 혼인잔치와 백마를 탄 자의 통치

이 일 후에 내가 들으니 하늘에 허다한 무리의 큰 음성 같은 것이 있어 이르되 할렐루야 구원과 영광과 능력이 우리 하나님께 있도다...(1~2절)

또 내가 들으니 허다한 무리의 음성과도 같고 많은 물 소리와도 같고 큰 우렛소리와도 같은 소리로 이르되 할렐루야 주 우리 하나님 곧 전능하신 이가 통치하시도다...(6~10절)

또 내가 하늘이 열린 것을 보니 보라 백마와 그것을 탄 자가 있으니 그 이름은 충신과 진실이라 그가 공의로 심판하며 싸우더라...(11~16절)

또 내가 보매 그 짐승과 땅의 임금들과 그들의 군대들이 모여 그 말 탄 자와 그의 군대와 더불어 전쟁을 일으키다가...(19~21절)

III. 묵상을 위한 질문

1. 모세는 이스라엘 자손이 일상에서 무엇을 지켜야 한다고 말했나요?(1~5,8)

2. 모세는 가정을 위해 성적인 사건을 어떻게 처리하라고 했나요?(13~19,28~29)

3. 주의 권능의 날에 주의 권능의 규를 가지고 오시는 자는 누구일까요?(110:1~3)

4. 다윗은 여호와께서 행하시는 일이 어떠하다고 고백했나요?(111:3~5,7~8)

5. 이사야는 이방인의 빛이 될 누구를 부르시고 무장시키시며 일으키신다고 예언했나요?(1~6)

6. 이사야는 여호와 하나님이 이스라엘 선민을 향하여 어떤 일을 행하실 것이라고 예언했나요?(8~13,15,25~26)

7. 하늘에 허다한 무리의 큰 음성은 어떤 노래를 불렀나요?(1~2,6~8)

8. 백마를 탄 자와 그 뒤를 따르는 희고 깨끗한 세마포 옷을 입고 백마를 탄 군대들은 어떤 일을 할까요?(11,14~16)

Ⅳ. 기도

1. 주여, 이웃의 손실을 경히 여기지 않게 하시고 가정을 온전히 지키게 하옵소서.
2. 주여, 주의 행하시는 일이 진실하고 정의로운 것처럼 우리도 그러하게 하옵소서.
3. 주여, 예수 그리스도께서 이 땅에 재림하실 때에 기쁨으로 맞이하게 하옵소서.

• 하나님 마음 알아가기 •

• 나에게 주시는 말씀(암송하기) •

• 오늘의 감사(기록하기) •

I. 맥체인성경의 통독구조<169>

성경을 읽으면서 하나님의 모습, 신앙인의 모습, 대적자의 모습, 주어진 환경등을 분류하면서 세심하게 읽으면 통일주제를 더 쉽게 발견할 수 있는 구조다.

II. 핵심구절 읽기

성경본문	신명기 23장	시편 112~113편	이사야 50장	요한계시록 20장
통일주제	**특혜** (特惠, 특별히 베푸는 혜택)			
개별주제	하나님이 가난한 자에게 주시는 생존적 특혜	하나님이 정직한 자에게 주시는 영원한 특혜	하나님이 이사야에게 주시는 은사적 특혜	하나님이 생명책에 기록된 자에게 주시는 특혜
연합내용	**하나님은 선하시고 의로우시다. 그러므로 믿음과 소망과 사랑을 행하는 경외의 백성에게 특혜를 베푸신다. 아주 작은 생존을 위한 양식으로부터 풍성한 축복에 이르기까지, 사명을 감당할 수 있는 은사로부터 영생하는 구원에 이르기까지 꼭 필요한 때에 합당한 특혜를 베푸신다.**			
핵심구절	1~4,7,9~10 14~15,18~21,24	112:1~3,5~7,9 113:2~3,6~9	1,4~8,10	1~6,7~10,11~15

• 신명기 23장 – 하나님이 가난한 자에게 주시는 생존적 특혜

고환이 상한 자나 음경이 잘린 자는 여호와의 총회에 들어오지 못하리라...(1~4절)

너는 에돔 사람을 미워하지 말라 그는 네 형제임이니라 애굽 사람을 미워하지 말라 네가 그의 땅에서 객이 되었음이니라(7절)

네가 적군을 치러 출진할 때에 모든 악한 일을 스스로 삼갈지니...(9~10절)

이는 네 하나님 여호와께서 너를 구원하시고 적군을 네게 넘기시려고 네 진영 중에 행하심이라 그러므로 네 진영을 거룩히 하라 그리하면 네게서 불결한 것을 보시지 않으므로 너를 떠나지 아니하시리라...(14~15절)

창기가 번 돈과 개 같은 자의 소득은 어떤 서원하는 일로든지 네 하나님 여호와의 전에 가져오지 말라 이 둘은 다 네 하나님 여호와께 가증한 것임이니라...(18~21절)

네 이웃의 포도원에 들어갈 때에는 마음대로 그 포도를 배불리 먹어도 되느니라 그러

나 그릇에 담지는 말 것이요(24절)

• 시편 112~113편 – 하나님이 정직한 자에게 주시는 영원한 특혜

할렐루야, 여호와를 경외하며 그의 계명을 크게 즐거워하는 자는 복이 있도다...(112편 1~3절)

은혜를 베풀며 꾸어 주는 자는 잘 되나니 그 일을 정의로 행하리로다...(112편 5~7절)

그가 재물을 흩어 빈궁한 자들에게 주었으니 그의 의가 영구히 있고 그의 뿔이 영광 중에 들리리로다(112편 9절)

이제부터 영원까지 여호와의 이름을 찬송할지로다...(113편 2~3절)

스스로 낮추사 천지를 살피시고...(113편 6~9절)

• 이사야 50장 – 하나님이 이사야에게 주시는 은사적 특혜

나 여호와가 이같이 말하노라 내가 너희의 어미를 내보낸 이혼 증서가 어디 있느냐 내가 어느 채주에게 너희를 팔았느냐 보라 너희는 너희의 죄악으로 말미암아 팔렸고 너희의 어미는 너희의 배역함으로 말미암아 내보냄을 받았느니라(1절)

주 여호와께서 학자들의 혀를 내게 주사 나로 곤고한 자를 말로 어떻게 도와 줄 줄을 알게 하시고 아침마다 깨우치시되 나의 귀를 깨우치사 학자들 같이 알아듣게 하시도다...(4~8절)

너희 중에 여호와를 경외하며 그의 종의 목소리를 청종하는 자가 누구냐 흑암 중에 행하여 빛이 없는 자라도 여호와의 이름을 의뢰하며 자기 하나님께 의지할지어다(10절)

• 요한계시록 20장 – 하나님이 생명책에 기록된 자에게 주시는 특혜

또 내가 보매 천사가 무저갱의 열쇠와 큰 쇠사슬을 그의 손에 가지고 하늘로부터 내려와서...(1~6절)

천 년이 차매 사탄이 그 옥에서 놓여...(7~10절)

또 내가 크고 흰 보좌와 그 위에 앉으신 이를 보니 땅과 하늘이 그 앞에서 피하여 간데 없더라...(11~15절)

Ⅲ. 묵상을 위한 질문

1. 모세는 여호와의 총회에 들어오지 못할 자들이 누구이며 그 이유는 무엇이라고 말했나요?(1~4)

2. 모세는 적군을 치러 나갈 때 어떤 자들을 금하고 그 이유는 무엇이었나요?(9~14)

3. 시편 기자는 어떤 자가 복이 있다고 했나요?(112:1~3,5,9)

4. 시편 기자는 여호와 하나님이 어떤 분이시라고 말했나요?(113:5~9)

5. 여호와 하나님은 이스라엘의 어려움과 하나님께로부터 버려짐의 원인이 어디에 있다고 하셨나요?(1,10)

6. 이사야는 여호와 하나님이 자신에게 어떤 은혜를 베푸셨다고 했나요?(4,5,7~9)

7. 요한이 말한 첫째 부활은 무엇일까요?(4~6)

8. 요한이 말한 둘째 사망은 무엇일까요?(12~15)

Ⅳ. 기도

1. 주여, 작은 것도 부정하지 않게 하사 거룩하신 주의 일을 해하지 않게 하옵소서.
2. 주여, 가난한 자와 궁핍한 자를 세우시는 하나님을 경외하고 찬송하게 하옵소서.
3. 주여, 온 성도가 첫째 부활에 참예케 하시고 둘째 사망에 이르지 않게 하옵소서.

• 하나님 마음 알아가기 •

• 나에게 주시는 말씀(암송하기) •

• 오늘의 감사(기록하기) •

Ⅰ. 맥체인성경의 통독구조<170>

성경 4장 본문을 읽고 4시대 가운데 나타나는 하나님의 역사에 대해 공통주제와 사상을 찾은 후 그 핵심단어를 서로 링크하여 적용점을 묵상하는 구조이다.

Ⅱ. 핵심구절 읽기

성경본문	신명기 24장	시편 114~115편	이사야 51장	요한계시록 21장
통일주제	**초심** (初心, 생활을 하거나 일을 하는데 있어서 처음에 가진 마음)			
개별주제	애굽에서 종살이 하던 때를 기억하는 초심	출애굽 과정에서 받은 은혜를 기억하는 초심	선택 인도 위로 구원해 주심을 기억하는 초심	거룩한 성 새 예루살렘에 들어가는 신부의 초심
연합내용	**아담과 하와는 초심을 잃었다. 모든 것이 하나님에게로부터 왔음을 알면서도 초심을 잃고 사단의 유혹에 넘어가 불순종의 죄를 저질렀다. 성도는 수렁에서 건져주시고 광야에서 인도해 주신 하나님께 감사하며 찬양하는 초심을 잃지 않을 때 거룩한 성 새 예루살렘에 들어가게 된다.**			
핵심구절	1,4~6,9,12~16 19~22	114:1~4,7 115:1,3,9~13,16~17	1~3,6~8,11~12 14~17,22~23	1~7,9~12,16~21 22~23,24~27

• 신명기 24장 – 애굽에서 종살이 하던 때를 기억하는 초심

사람이 아내를 맞이하여 데려온 후에 그에게 수치되는 일이 있음을 발견하고 그를 기뻐하지 아니하면 이혼 증서를 써서 그의 손에 주고 그를 자기 집에서 내보낼 것이요(1절)

그 여자는 이미 몸을 더럽혔은즉 그를 내보낸 전남편이 그를 다시 아내로 맞이하지 말지니 이 일은 여호와 앞에 가증한 것이라 너는 네 하나님 여호와께서 네게 기업으로 주시는 땅을 범죄하게 하지 말지니라...(4~6절)

너희는 애굽에서 나오는 길에서 네 하나님 여호와께서 미리암에게 행하신 일을 기억할지니라(9절)

그가 가난한 자이면 너는 그의 전당물을 가지고 자지 말고...(12~16절)

네가 밭에서 곡식을 벨 때에 그 한 뭇을 밭에 잊어버렸거든 다시 가서 가져오지 말고 나그네와 고아와 과부를 위하여 남겨두라 그리하면 네 하나님 여호와께서 네 손으로

하는 모든 일에 복을 내리시리라...(19~22절)

• 시편 114~115편 – 출애굽 과정에서 받은 은혜를 기억하는 초심

이스라엘이 애굽에서 나오며 야곱의 집안이 언어가 다른 민족에게서 나올 때에...(114편 1~4절)

땅이여 너는 주 앞 곧 야곱의 하나님 앞에서 떨지어다(114편 7절)

여호와여 영광을 우리에게 돌리지 마옵소서 우리에게 돌리지 마옵소서 오직 주는 인자하시고 진실하시므로 주의 이름에만 영광을 돌리소서(115편 1절)

오직 우리 하나님은 하늘에 계셔서 원하시는 모든 것을 행하셨나이다(115편 3절)

이스라엘아 여호와를 의지하라 그는 너희의 도움이시요 너희의 방패시로다...(115편 9~13절)

하늘은 여호와의 하늘이라도 땅은 사람에게 주셨도다...(115편 15~17절)

• 이사야 51장 – 선택 인도 위로 구원해 주심을 기억하는 초심

의를 따르며 여호와를 찾아 구하는 너희는 내게 들을지어다 너희를 떠낸 반석과 너희를 파낸 우묵한 구덩이를 생각하여 보라...(1~3절)

너희는 하늘로 눈을 들며 그 아래의 땅을 살피라 하늘이 연기 같이 사라지고 땅이 옷 같이 해어지며 거기에 사는 자들이 하루살이 같이 죽으려니와 나의 구원은 영원히 있고 나의 공의는 폐하여지지 아니하리라...(6~8절)

여호와께 구속 받은 자들이 돌아와 노래하며 시온으로 돌아오니 영원한 기쁨이 그들의 머리 위에 있고 즐거움과 기쁨을 얻으리니 슬픔과 탄식이 달아나리이다...(11~12절)

결박된 포로가 속히 놓일 것이니 죽지도 아니할 것이요 구덩이로 내려가지도 아니할 것이며 그의 양식이 부족하지도 아니하리라...(14~17절)

네 주 여호와, 그의 백성의 억울함을 풀어 주시는 네 하나님이 이같이 말씀하시되 보라 내가 비틀걸음 치게 하는 잔 곧 나의 분노의 큰 잔을 네 손에서 거두어서 네가 다시는 마시지 못하게 하고...(22~23절)

또 내가 새 하늘과 새 땅을 보니 처음 하늘과 처음 땅이 없어졌고 바다도 다시 있지 않더라...(1~7절)

일곱 대접을 가지고 마지막 일곱 재앙을 담은 일곱 천사 중 하나가 나아와서 내게 말하여 이르되 이리 오라 내가 신부 곧 어린 양의 아내를 네게 보이리라 하고...(9~12절)

그 성은 네모가 반듯하여 길이와 너비가 같은지라 그 갈대 자로 그 성을 측량하니 만 이천 스다디온이요 길이와 너비와 높이가 같더라...(16~21절)

성 안에서 내가 성전을 보지 못하였으니 이는 주 하나님 곧 전능하신 이와 및 어린 양이 그 성전이심이라...(22~23절)

만국이 그 빛 가운데로 다니고 땅의 왕들이 자기 영광을 가지고 그리로 들어가리라...(24~27절)

III. 묵상을 위한 질문

1. 모세는 가난한 자에게 무엇을 꾸어 줄 때 어떤 자세를 가지라고 했나요?(10~13,17)

2. 모세는 이스라엘 자손에게 형제나 객을 배려할 때 항상 전제해야 할 사건이 무엇이라고 가르쳤나요?(18,22)

3. 이스라엘 자손이 애굽에서 구원받은 것은 누구 때문일까요?(114:1,3,5,7)

4. 시편 기자는 여호와 하나님이 여호와를 의지하는 자에게 무엇이 되어 주신다고 말했나요?(115:9~13,15)

5. 하나님은 율법을 받은 백성을 어떻게 선택하시고 인도해 주셨나요?(2,4,7~10)

6. 하나님은 이스라엘 백성을 어떻게 위로하시고 구원해 주셨나요?(3,6,12~15,22~23)

7. 새 하늘과 새 땅, 거룩한 성 새 예루살렘에서 하나님의 백성은 어떤 일들을 경험하게 될까요?(1~4)

8. 하나님께로부터 하늘에서 내려오는 거룩한 성 예루살렘은 어떤 모양일까요? (10~21)

Ⅳ. 기도

1. 주여, 인생을 사는 동안 꾸는 일보다 꾸어주고 나누어 주는 삶을 살게 하옵소서.
2. 주여, 우리를 죄에서 구원해 주신 하나님을 늘 의지하며 살아가게 하옵소서.
3. 주여, 새 하늘과 새 땅, 거룩한 성 새 예루살렘을 대망하며 살게 하옵소서.

• 하나님 마음 알아가기 •

• 나에게 주시는 말씀(암송하기) •

• 오늘의 감사(기록하기) •

Ⅰ. 맥체인성경의 통독구조<171>

신구약 4장은 각 장마다 주제를 가지고 있다. 그 각 장의 개별주제를 서로 연결하여 연합내용을 작성한다. 이 때 연합내용은 통일주제를 설명하는 핵심내용이 되는 구조다.

Ⅱ. 핵심구절 읽기

성경본문	신명기 25장	시편 116편	이사야 52장	요한계시록 22장
통일주제	권징 (勸懲, 착한 일을 권장하고 악한 일을 징계함. 권선징악의 준말)			
개별주제	이웃을 향해 불법을 행하였을 때 내리는 권징	환난 슬픔을 당한 자가 기도할 때 내리는 권징	사로잡혀 간 시온을 회복시킬 때 내리는 권징	예언 말씀을 지키지 않는 자에게 내리는 권징
연합내용	만물을 다스리시는 하나님은 피조물의 범사를 감찰하시고 그 선악 간에 따라 권징하신다. 선민 사이에 불법을 행했을 때, 이방민족이 선민을 괴롭혔을 때, 마지막 때 예수를 거부하고 예언의 말씀을 지키지 않으며 오히려 핍박과 박해로 악을 자행했을 때 큰 권징을 행하신다.			
핵심구절	1~3,5~6,9~10 13~15,17~18	1~5,8,10,12~14 18	1~3,6~7,9~10 12~15	1~5,7,9,11~15 16,18~19,20~21

• 신명기 25장 - 이웃을 향해 불법을 행하였을 때 내리는 권징

사람들 사이에 시비가 생겨 재판을 청하면 재판장은 그들을 재판하여 의인은 의롭다 하고 악인은 정죄할 것이며...(1~3절)

형제들이 함께 사는데 그 중 하나가 죽고 아들이 없거든 그 죽은 자의 아내는 나가서 타인에게 시집 가지 말 것이요 그의 남편의 형제가 그에게로 들어가서 그를 맞이하여 아내로 삼아 그의 남편의 형제 된 의무를 그에게 다 행할 것이요...(5~6절)

그의 형제의 아내가 장로들 앞에서 그에게 나아가서 그의 발에서 신을 벗기고 그의 얼굴에 침을 뱉으며 이르기를 그의 형제의 집을 세우기를 즐겨 아니하는 자에게는 이같이 할 것이라 하고...(9~10절)

너는 네 주머니에 두 종류의 저울추 곧 큰 것과 작은 것을 넣지 말 것이며...(13~15절)

너희는 애굽에서 나오는 길에 아말렉이 네게 행한 일을 기억하라...(17~18절)

• 시편 116편 – 환난 슬픔을 당한 자가 기도할 때 내리는 권징

여호와께서 내 음성과 내 간구를 들으시므로 내가 그를 사랑하는도다...(1~5절)

주께서 내 영혼을 사망에서, 내 눈을 눈물에서, 내 발을 넘어짐에서 건지셨나이다(8절)

내가 크게 고통을 당하였다고 말할 때에도 나는 믿었도다(10절)

내게 주신 모든 은혜를 내가 여호와께 무엇으로 보답할까...(12~14절)

내가 여호와께 서원한 것을 그의 모든 백성이 보는 앞에서 내가 지키리로다(18절)

• 이사야 52장 – 사로잡혀 간 시온을 회복시킬 때 내리는 권징

시온이여 깰지어다 깰지어다 네 힘을 낼지어다 거룩한 성 예루살렘이여 네 아름다운 옷을 입을지어다 이제부터 할례 받지 아니한 자와 부정한 자가 다시는 네게로 들어옴이 없을 것임이라...(1~3절)

그러므로 내 백성은 내 이름을 알리라 그러므로 그 날에는 그들이 이 말을 하는 자가 나인 줄을 알리라 내가 여기 있느니라...(6~7절)

너 예루살렘의 황폐한 곳들아 기쁜 소리를 내어 함께 노래할지어다 이는 여호와께서 그의 백성을 위로하셨고 예루살렘을 구속하셨음이라...(9~10절)

여호와께서 너희 앞에서 행하시며 이스라엘의 하나님이 너희 뒤에서 호위하시리니 너희가 황급히 나오지 아니하며 도망하듯 다니지 아니하리라...(12~15절)

• 요한계시록 22장 – 예언 말씀을 지키지 않는 자에게 내리는 권징

또 그가 수정 같이 맑은 생명수의 강을 내게 보이니 하나님과 및 어린 양의 보좌로부터 나와서...(1~5절)

보라 내가 속히 오리니 이 두루마리의 예언의 말씀을 지키는 자는 복이 있으리라 하더라(7절)

그가 내게 말하기를 나는 너와 네 형제 선지자들과 또 이 두루마리의 말을 지키는 자들과 함께 된 종이니 그리하지 말고 하나님께 경배하라 하더라(9절)

불의를 행하는 자는 그대로 불의를 행하고 더러운 자는 그대로 더럽고 의로운 자는 그대로 의를 행하고 거룩한 자는 그대로 거룩하게 하라...(11~15절)

나 예수는 교회들을 위하여 내 사자를 보내어 이것들을 너희에게 증언하게 하였노라 나는 다윗의 뿌리요 자손이니 곧 광명한 새벽 별이라 하시더라(16절)

내가 이 두루마리의 예언의 말씀을 듣는 모든 사람에게 증언하노니 만일 누구든지 이것들 외에 더하면 하나님이 이 두루마리에 기록된 재앙들을 그에게 더하실 것이요...(18~19절)

이것들을 증언하신 이가 이르시되 내가 진실로 속히 오리라 하시거늘 아멘 주 예수여 오시옵소서...(20~21절)

Ⅲ. 묵상을 위한 질문

1. 모세는 계대결혼을 이행하지 않는 자를 어떻게 처벌하라고 말했나요?(5~10)

2. 모세는 장사나 거래에 있어서 가장 중요한 것이 무엇이라고 말했나요?(13~15)

3. 시편 기자는 죽음에 이르는 환난과 슬픔을 만났을 때 여호와 하나님께 무엇을 했다고 말했나요?(1~4)

4. 시편 기자는 주께 받은 모든 은혜를 어떻게 갚는다고 말했나요?(12~14,17~18)

5. 이사야는 절망 속에 있는 시온이 어떻게 회복된다고 예언했나요?(1~3,5~8)

6. 이사야는 하나님의 종이 나타나 어떤 모습을 보인다고 예언했나요?(13~15)

7. 요한은 마지막 때에 어떤 자에게 복이 있다고 예언했나요?(7,12,14)

8. 요한은 두루마리 말씀을 더하거나 제하면 재앙을 받는다고 하면서 마지막 인사를 어떻게 했나요?(18~21)

Ⅳ. 기도

1. 주여, 크고 작은 것으로 남을 속이지 않게 하시고 진실한 삶을 살게 하옵소서.
2. 주여, 절망적인 환난과 큰 슬픔이 닥쳐왔을 때 오직 기도로 승리하게 하옵소서.
3. 주여, 예언의 말씀을 소중히 여기고 지키며 항상 주님을 대망하게 하옵소서.

• 하나님 마음 알아가기 •

• 나에게 주시는 말씀(암송하기) •

• 오늘의 감사(기록하기) •

Ⅰ. 맥체인성경의 통독구조 <172>

맥체인성경의 순서대로!

창세기~역대하 : 만물의 시작과 이스라엘의 시작

마태복음~요한복음 : 예수의 복음사역과 십자가 구속

에스라~말라기 : 이스라엘의 멸망과 새 시대의 시작

사도행전~요한계시록 : 교회의 시작과 선교

Ⅱ. 핵심구절 읽기

성경본문	신명기 26장	시편 117~118편	이사야 53장	마태복음 1장
통일주제	**인자** (仁慈, 어질고 자애로움. 하나님의 속성 중에 하나)			
개별주제	큰 위엄과 이적으로 인도하신 주의 인자하심을 닮음	여호와의 진실하심과 인자하심을 찬양함	고난의 종의 구원을 위한 인자하심을 신뢰함	임마누엘로 오신 예수의 인자하심을 신뢰함
연합내용	**하나님의 성품 중에 하나가 인자하심이다. 이 인자하심으로 이스라엘을 출애굽 하셨고 그 후 이스라엘의 긴 역사를 주관하셨다. 또한 온 인류를 구원하시기 위해 인자하심으로 독생자 구주 예수를 보내셨다.**			
핵심구절	2~4,7~10,12 14~15,17~19	117:1~2 118:1~6,8~9,11 14,17,19~20,28	2~9,12	1~3,5~6,12~13 16,18~23

• 신명기 26장 – 큰 위엄과 이적으로 인도하신 주의 인자하심을 닮음

네 하나님 여호와께서 네게 주신 땅에서 그 토지의 모든 소산의 맏물을 거둔 후에 그것을 가져다가 광주리에 담고 네 하나님 여호와께서 그의 이름을 두시려고 택하신 곳으로 그것을 가지고 가서...(2~4절)

우리가 우리 조상의 하나님 여호와께 부르짖었더니 여호와께서 우리 음성을 들으시고 우리의 고통과 신고와 압제를 보시고...(7~10절)

셋째 해 곧 십일조를 드리는 해에 네 모든 소산의 십일조 내기를 마친 후에 그것을 레위인과 객과 고아와 과부에게 주어 네 성읍 안에서 먹고 배부르게 하라(12절)

내가 애곡하는 날에 이 성물을 먹지 아니하였고 부정한 몸으로 이를 떼어두지 아니하였고 죽은 자를 위하여 이를 쓰지 아니하였고 내 하나님 여호와의 말씀을 청종하여 주께서 내게 명령하신 대로 다 행하였사오니...(14~15절)

네가 오늘 여호와를 네 하나님으로 인정하고 또 그 도를 행하고 그의 규례와 명령과 법도를 지키며 그의 소리를 들으리라 확언하였고...(17~19절)

• 시편 117~118편 - 여호와의 진실하심과 인자하심을 찬양함

너희 모든 나라들아 여호와를 찬양하며 너희 모든 백성들아 그를 찬송할지어다...(117편 1~2절)

여호와께 감사하라 그는 선하시며 그의 인자하심이 영원함이로다...(118편 1~6절)

여호와께 피하는 것이 사람을 신뢰하는 것보다 나으며...(118편 8~9절)

그들이 나를 에워싸고 에워쌌으니 내가 여호와의 이름으로 그들을 끊으리로다(118편 11절)

여호와는 나의 능력과 찬송이시요 또 나의 구원이 되셨도다(118편 14절)

내가 죽지 않고 살아서 여호와께서 하시는 일을 선포하리로다(118편 17절)

내게 의의 문들을 열지어다 내가 그리로 들어가서 여호와께 감사하리로다...(118편 19~20절)

주는 나의 하나님이시라 내가 주께 감사하리이다 주는 나의 하나님이시라 내가 주를 높이리이다(118편 28절)

• 이사야 53장 - 고난의 종의 구원을 위한 인자하심을 신뢰함

그는 주 앞에서 자라나기를 연한 순 같고 마른 땅에서 나온 뿌리 같아서 고운 모양도 없고 풍채도 없은즉 우리가 보기에 흠모할 만한 아름다운 것이 없도다...(2~9절)

그러므로 내가 그에게 존귀한 자와 함께 몫을 받게 하며 강한 자와 함께 탈취한 것을 나누게 하리니 이는 그가 자기 영혼을 버려 사망에 이르게 하며 범죄자 중 하나로 헤아림을 받았음이니라 그러나 그가 많은 사람의 죄를 담당하며 범죄자를 위하여 기도하였느니라(12절)

아브라함과 다윗의 자손 예수 그리스도의 계보라...(1~3절)

살몬은 라합에게서 보아스를 낳고 보아스는 룻에게서 오벳을 낳고 오벳은 이새를 낳고...(5~6절)

바벨론으로 사로잡혀 간 후에 여고냐는 스알디엘을 낳고 스알디엘은 스룹바벨을 낳고...(12~13절)

야곱은 마리아의 남편 요셉을 낳았으니 마리아에게서 그리스도라 칭하는 예수가 나시니라(16절)

예수 그리스도의 나심은 이러하니라 그의 어머니 마리아가 요셉과 약혼하고 동거하기 전에 성령으로 잉태된 것이 나타났더니...(18~23절)

Ⅲ. 묵상을 위한 질문

1. 이스라엘 백성이 약속의 땅에 들어가 소산을 얻었을 때에 반드시 해야 할 것은 무엇이었나요?(2,10,12~15)

2. 이스라엘이 여호와의 규례와 법도를 지켜 행하면 어떤 신분을 얻을까요?(16~19)

3. 시편 기자는 여호와의 인자하심과 진실하심과 선하심을 체험하고 안 후 무엇을 하고 있나요?(117:1~2,118:1~4)

4. 시편 기자는 에워싸임을 당하여도 무엇으로 끊을 것이라고 말했나요?(118:10~12)

5. 고난의 종으로 오신 예수님은 우리의 구원을 위하여 어떤 길을 가셨나요?(3~6)

6. 여호와는 아들 예수를 모든 죄인을 위한 무엇으로 드리기를 원하셨나요?(10,12)

7. 예수 그리스도는 누구에게서 어떻게 태어났나요?(16,18,20)

8. 예수 그리스도는 누구시며 어떤 사역을 하실 것이라고 예언되었나요?(21~23)

IV. 기도

1. 주여, 생활 속에서 소산을 얻으면 은혜임을 인정하고 나누는 마음을 주옵소서.
2. 주여, 삶 속에서 사방으로 우겨쌈을 당하여도 주의 이름으로 승리하게 하옵소서.
3. 주여, 주의 당하신 고난을 항상 기억하고 구원의 감격을 지키며 살게 하옵소서.

• 하나님 마음 알아가기 •

• 나에게 주시는 말씀(암송하기) •

• 오늘의 감사(기록하기) •

I. 맥체인성경의 통독구조<173>

파편적으로 듣는 말씀 : 우리가 듣는 설교는 일반적으로 설교자의 주관적 본문선택 및 해석에 의해 듣게 되는 경우가 많다. 단 강해설교는 예외일 수 있다.

종합적으로 듣는 말씀 : 반면 맥체인성경의 통독은 전혀 다른 본문을 순서적으로 읽게 되어 입체적이고 사면적으로 통독하기에 종합적인 말씀이 된다.

II. 핵심구절 읽기

성경본문	신명기 27~28장(1)	시편 119:1~24	이사야 54장	마태복음 2장
통일주제	**준행** (遵行, 말씀과 전례와 명령 따위를 좇아서 그대로 행함)			
개별주제	하나님의 말씀과 명령을 준행하여 복을 받음	여호와의 율법과 증거를 준행하여 복을 받음	하나님이 자신의 언약을 준행하여 복을 이룸	주의 사자의 지시를 준행하여 예수를 보호함
연합내용	**타락한 인간은 구원을 위해 법도가 필요하다. 그러므로 하나님과 예수님은 인간의 영원한 생명을 위해 말씀과 율법과 증거를 주셨다. 인간은 어떤 상황 속에서도 이 법을 준행함으로써 참된 구원에 이른다.**			
핵심구절	27:2~7,12~16,25 28:1~9,12~14	1~4,6~7,9,11 14~16,18,23~24	1~5,8,10~14,17	1~2,6~11,13~14 16,19~23

• 신명기 27~28장(1) - 하나님의 말씀과 명령을 준행하여 복을 받음

너희가 요단을 건너 네 하나님 여호와께서 네게 주시는 땅에 들어가는 날에 큰 돌들을 세우고 석회를 바르라...(27장 2~7절)

너희가 요단을 건넌 후에 시므온과 레위와 유다와 잇사갈과 요셉과 베냐민은 백성을 축복하기 위하여 그리심 산에 서고...(27장 12~16절)

무죄한 자를 죽이려고 뇌물을 받는 자는 저주를 받을 것이라 할 것이요 모든 백성은 아멘 할지니라(27장 25절)

네가 네 하나님 여호와의 말씀을 삼가 듣고 내가 오늘 네게 명령하는 그의 모든 명령을 지켜 행하면 네 하나님 여호와께서 너를 세계 모든 민족 위에 뛰어나게 하실 것이라...(28장 1~9절)

여호와께서 너를 위하여 하늘의 아름다운 보고를 여시사 네 땅에 때를 따라 비를 내리시고 네 손으로 하는 모든 일에 복을 주시리니 네가 많은 민족에게 꾸어줄지라도 너는 꾸지 아니할 것이요...(28장 12~14절)

• 시편 119:1~24절 - 여호와의 율법과 증거를 준행하여 복을 받음

행위가 온전하여 여호와의 율법을 따라 행하는 자들은 복이 있음이여...(1~4절)
내가 주의 모든 계명에 주의할 때에는 부끄럽지 아니하리이다...(6~7절)
청년이 무엇으로 그의 행실을 깨끗하게 하리이까 주의 말씀만 지킬 따름이니이다(9절)
내가 주께 범죄하지 아니하려 하여 주의 말씀을 내 마음에 두었나이다(11절)
내가 모든 재물을 즐거워함 같이 주의 증거들의 도를 즐거워하였나이다...(14~16절)
내 눈을 열어서 주의 율법에서 놀라운 것을 보게 하소서(18절)
고관들도 앉아서 나를 비방하였사오나 주의 종은 주의 율례들을 작은 소리로 읊조렸나이다...(23~24절)

• 이사야 54장 - 하나님이 자신의 언약을 준행하여 복을 이룸

잉태하지 못하며 출산하지 못한 너는 노래할지어다 산고를 겪지 못한 너는 외쳐 노래할지어다 이는 홀로 된 여인의 자식이 남편 있는 자의 자식보다 많음이라 여호와께서 말씀하셨느니라...(1~5장)
내가 넘치는 진노로 내 얼굴을 네게서 잠시 가렸으나 영원한 자비로 너를 긍휼히 여기리라 네 구속자 여호와께서 말씀하셨느니라(8절)
산들이 떠나며 언덕들은 옮겨질지라도 나의 자비는 네게서 떠나지 아니하며 나의 화평의 언약은 흔들리지 아니하리라 너를 긍휼히 여기시는 여호와께서 말씀하셨느니라...(10~14절)
너를 치려고 제조된 모든 연장이 쓸모가 없을 것이라 일어나 너를 대적하여 송사하는 모든 혀는 네게 정죄를 당하리니 이는 여호와의 종들의 기업이요 이는 그들이 내게서 얻은 공의니라 여호와의 말씀이니라(17절)

• 마태복음 2장 - 주의 사자의 지시를 준행하여 예수를 보호함

헤롯 왕 때에 예수께서 유대 베들레헴에서 나시매 동방으로부터 박사들이 예루살렘에 이르러 말하되...(1~2절)

또 유대 땅 베들레헴아 너는 유대 고을 중에서 가장 작지 아니하도다 네게서 한 다스리는 자가 나와서 내 백성 이스라엘의 목자가 되리라 하였음이니이다...(6~11절)

그들이 떠난 후에 주의 사자가 요셉에게 현몽하여 이르되 헤롯이 아기를 찾아 죽이려 하니 일어나 아기와 그의 어머니를 데리고 애굽으로 피하여 내가 네게 이르기까지 거기 있으라 하시니...(13~14절)

이에 헤롯이 박사들에게 속은 줄 알고 심히 노하여 사람을 보내어 베들레헴과 그 모든 지경 안에 있는 사내아이를 박사들에게 자세히 알아본 그 때를 기준하여 두 살부터 그 아래로 다 죽이니(16절)

헤롯이 죽은 후에 주의 사자가 애굽에서 요셉에게 현몽하여 이르되...(19~23절)

III. 묵상을 위한 질문

1. 모세와 이스라엘 장로들이 백성에게 명령한 두 가지 내용은 무엇일까요?(27:1~7)

2. 여호와 하나님은 이스라엘 자손이 약속의 땅에서 주의 말씀과 명령을 지키면 어떤 복을 주신다고 약속 하셨나요?(28:1~8,12~13)

3. 여호와의 율법과 증거와 법도를 잘 지킬 수 있는 것은 무엇 때문일까요?(4)

4. 시편 기자가 고관들의 비방가운데서도 주의 율례들을 묵상하고 지킨 이유는 무엇일까요?(14,23~24)

5. 여호와 하나님은 이스라엘에게 스스로 어떤 분이 되어 주셨나요?(5,8,10)

6. 여호와 하나님은 미래에 예루살렘을 어떻게 세우신다고 하셨나요?(11~14,17)

7. 예수가 유대 베들레헴에서 나셨을 때 누가 무엇으로 경배를 올렸나요?(1,9~11)

8. 예수가 나셨을 때 헤롯이 저지른 가장 포악한 범죄는 무엇이었나요?(13,16)

Ⅳ. 기도

1. 주여, 하나님과 예수님의 말씀을 철저히 준행함으로 약속된 복을 받게 하옵소서.
2. 주여, 주의 말씀을 즐거움으로 여겨 어떤 상황에서도 읊조리며 지키게 하옵소서.
3. 주여, 대속을 위해 오셨고 심판을 위해 다시 오실 예수님을 잘 믿게 하옵소서.

• 하나님 마음 알아가기 •

• 나에게 주시는 말씀(암송하기) •

• 오늘의 감사(기록하기) •

I. 맥체인성경의 통독구조<174>

기존성경은 권마다 줄거리를 가지고 있다. 그러므로 맥체인성경을 묵상할 때도 신구약 4장의 내용의 공통주제를 찾은 후 그 다음 4장의 줄거리를 정리할 때 연속적으로 연관된 내용이 되도록 묵상함이 바람직하다.

II. 핵심구절 읽기

성경본문	신명기 28장(2)	시편 119:25~48	이사야 55장	마태복음 3장
통일주제	**징계** (懲戒, 잘못이나 허물을 나무라서, 벌을 내리거나 제재를 가함)			
개별주제	하나님의 명령을 지키지 않을 때 임하는 징계	주의 말씀을 떠났을 때 환경에 나타나는 징계	듣지 않는 자 불의한 자 악인에게 내리는 징계	하나님께 회개하지 않았을 때 주어지는 징계
연합내용	성경에는 회개를 촉구하는 일시적 징계와 최후 심판에 따른 영원한 징계가 있다. 징계의 기준은 하나님의 말씀과 명령이다. 따라서 믿는 자는 늘 하나님을 사모하며 경외하고 그 말씀에 순종하며 살아야 한다.			
핵심구절	20~22,27~29,31 35,38~40,43~45 47~53,58~61,67	25,28~29,31~32 36~37,39,46~48	1~4,6~9,11~13	1~2,5~8,10~12 15~17

• 신명기 28장(2) - 하나님의 명령을 지키지 않을 때 임하는 징계

네가 악을 행하여 그를 잊으므로 네 손으로 하는 모든 일에 여호와께서 저주와 혼란과 책망을 내리사 망하며 속히 파멸하게 하실 것이며...(20~22절)

여호와께서 애굽의 종기와 치질과 괴혈병과 피부병으로 너를 치시리니 네가 치유 받지 못할 것이며...(27~29절)

네 소를 네 목전에서 잡았으나 네가 먹지 못할 것이며 네 나귀를 네 목전에서 빼앗겨도 도로 찾지 못할 것이며 네 양을 원수에게 빼앗길 것이나 너를 도와 줄 자가 없을 것이며(31절)

여호와께서 네 무릎과 다리를 쳐서 고치지 못할 심한 종기를 생기게 하여 발바닥에서부터 정수리까지 이르게 하시리라(35절)

네가 많은 종자를 들에 뿌릴지라도 메뚜기가 먹으므로 거둘 것이 적을 것이

며...(38~40절)

너의 중에 우거하는 이방인은 점점 높아져서 네 위에 뛰어나고 너는 점점 낮아질 것이며...(43~45절)

네가 모든 것이 풍족하여도 기쁨과 즐거운 마음으로 네 하나님 여호와를 섬기지 아니함으로 말미암아...(47~53절)

네가 만일 이 책에 기록한 이 율법의 모든 말씀을 지켜 행하지 아니하고 네 하나님 여호와라 하는 영화롭고 두려운 이름을 경외하지 아니하면...(58~61절)

네 마음의 두려움과 눈이 보는 것으로 말미암아 아침에는 이르기를 아하 저녁이 되었으면 좋겠다 할 것이요 저녁에는 이르기를 아하 아침이 되었으면 좋겠다 하리라(67절)

• 시편 119편 25~48절 - 주의 말씀을 떠났을 때 환경에 나타나는 징계

내 영혼이 진토에 붙었사오니 주의 말씀대로 나를 살아나게 하소서(25절)

나의 영혼이 눌림으로 말미암아 녹사오니 주의 말씀대로 나를 세우소서...(28~29절)

내가 주의 증거들에 매달렸사오니 여호와여 내가 수치를 당하지 말게 하소서...(31~32절)

내 마음을 주의 증거들에게 향하게 하시고 탐욕으로 향하지 말게 하소서...(36~37절)

내가 두려워하는 비방을 내게서 떠나게 하소서 주의 규례들은 선하심이니이다(39절)

또 왕들 앞에서 주의 교훈들을 말할 때에 수치를 당하지 아니하겠사오며...(46~48절)

• 이사야 55장 - 듣지 않는 자 불의한 자 악인에게 내리는 징계

오호라 너희 모든 목마른 자들아 물로 나아오라 돈 없는 자도 오라 너희는 와서 사 먹되 돈 없이, 값 없이 와서 포도주와 젖을 사라...(1~4절)

너희는 여호와를 만날 만한 때에 찾으라 가까이 계실 때에 그를 부르라...(6~9절)

내 입에서 나가는 말도 이와 같이 헛되이 내게로 되돌아오지 아니하고 나의 기뻐하는 뜻을 이루며 내가 보낸 일에 형통함이니라...(11~13절)

• 마태복음 3장 - 하나님께 회개하지 않았을 때 주어지는 징계

그 때에 세례 요한이 이르러 유대 광야에서 전파하여 말하되...(1~2절)

이 때에 예루살렘과 온 유대와 요단 강 사방에서 다 그에게 나아와...(5~8절)

이미 도끼가 나무 뿌리에 놓였으니 좋은 열매를 맺지 아니하는 나무마다 찍혀 불에 던져지리라...(10~12절)

예수께서 대답하여 이르시되 이제 허락하라 우리가 이와 같이 하여 모든 의를 이루는 것이 합당하니라 하시니 이에 요한이 허락하는지라...(15~17절)

Ⅲ. 묵상을 위한 질문

1. 여호와를 잊어버리고 그의 명령과 규례를 지키지 않았을 때 찾아오는 우선적 저주는 무엇일까요?(20~22,27~29,35,59~61)

2. 여호와께 불순종했을 때 마지막으로 찾아오는 저주는 무엇일까요?(25,32,37,49,53)

3. 시편 기자는 자신의 고통이 무엇 때문에 기인했다고 생각했나요?(28~29,36~37)

4. 시편 기자는 고통을 바꾸는 힘이 무엇이라고 생각하고 결단했나요?(25,31~32,39)

5. 이사야는 긍휼이 많으신 하나님의 조건 없는 초대를 어떻게 표현했나요?(1~3,6~7)

6. 여호와 하나님의 입에서 나오는 모든 말씀은 어떤 능력이 있을까요?(11~13)

7. 세례 요한은 바리새인들과 사두개인들을 무엇이라고 표현하며 회개하지 않으면 하나님의 무엇이 있을 것이라고 선포했나요?(7~8,10,12)

8. 예수께서 의를 이루기 위해 세례를 받으셨을 때 어떤 일이 일어났나요?(15~17)

Ⅳ. 기도

1. 주여, 주의 말씀에 불순종하여 저주를 받는 일이 절대 없게 하옵소서.
2. 주여, 주의 말씀의 권위와 능력을 믿고 즐거워하며 순종하게 하옵소서.
3. 주여, 항상 죄를 회개하고 회개에 합당한 열매를 맺어 진노를 피하게 하옵소서.

• 하나님 마음 알아가기 •

• 나에게 주시는 말씀(암송하기) •

• 오늘의 감사(기록하기) •

Ⅰ. 맥체인성경의 통독구조<175>

신구약 4장을 동시에 읽으면 전혀 다른 배경과 내용이 나온다. 그 곳에서 공통점을 찾으면 주님의 입체적으로 일하심을 발견하게 된다. 따라서 지금 우리의 기도와 실천도 다양한 말씀에 대입하고 응용하여 주어진 삶에 적용할 수 있는 구조다.

Ⅱ. 핵심구절 읽기

성경본문	신명기 29장	시편 119:49~72	이사야 56장	마태복음 4장
통일주제	**언약** (言約, 하나님과 예수님이 선택한 자들에게 말씀으로 약속하심)			
개별주제	언약을 지키지 않은 자에게 내리시는 저주	언약을 사모하며 지킨 자에게 주시는 위로	언약을 지키는 자에게 주시는 기적적인 복	언약으로 시험을 이기시고 제자를 선택한 예수
연합내용	**하나님은 호렙과 모압에서 선택한 이스라엘 자손과 말씀으로 언약을 맺으셨다. 또한 예수 그리스도도 갈릴리에서 선택한 제자들과 말씀으로 언약을 맺으셨다. 이 언약은 지키는 자에게 능력이요 복이 된다.**			
핵심구절	1~3,9~15,19~21 24~26,29	50,52~54,56,60 62~63,66~67 71~72	1~2,4~7,9~12	1~10,13,17~23

• 신명기 29장 – 언약을 지키지 않은 자에게 내리시는 저주

호렙에서 이스라엘 자손과 세우신 언약 외에 여호와께서 모세에게 명령하여 모압 땅에서 그들과 세우신 언약의 말씀은 이러하니라...(1~3절)

그런즉 너희는 이 언약의 말씀을 지켜 행하라 그리하면 너희가 하는 모든 일이 형통하리라...(9~15절)

이 저주의 말을 듣고도 심중에 스스로 복을 빌어 이르기를 내가 내 마음이 완악하여 젖은 것과 마른 것이 멸망할지라도 내게는 평안이 있으리라 할까 함이라...(19~21절)

여러 나라 사람들도 묻기를 여호와께서 어찌하여 이 땅에 이같이 행하셨느냐 이같이 크고 맹렬하게 노하심은 무슨 뜻이냐 하면...(24~26절)

감추어진 일은 우리 하나님 여호와께 속하였거니와 나타난 일은 영원히 우리와 우리

자손에게 속하였나니 이는 우리에게 이 율법의 모든 말씀을 행하게 하심이니라(29절)

· 시편 119편 49~72절 – 언약을 사모하며 지킨 자에게 주시는 위로

이 말씀은 나의 고난 중의 위로라 주의 말씀이 나를 살리셨기 때문이니이다(50절)
여호와여 주의 옛 규례들을 내가 기억하고 스스로 위로하였나이다...(52~54절)
내 소유는 이것이니 곧 주의 법도들을 지킨 것이니이다(56절)
주의 계명들을 지키기에 신속히 하고 지체하지 아니하였나이다(60절)
내가 주의 의로운 규례들로 말미암아 밤중에 일어나 주께 감사하리이다...(62~63절)
내가 주의 계명들을 믿었사오니 좋은 명철과 지식을 내게 가르치소서...(66~67절)
고난 당한 것이 내게 유익이라 이로 말미암아 내가 주의 율례들을 배우게 되었나이다...(71~72절)

· 이사야 56장 – 언약을 지키는 자에게 주시는 기적적인 복

여호와께서 이와 같이 말씀하시기를 너희는 정의를 지키며 의를 행하라 이는 나의 구원이 가까이 왔고 나의 공의가 나타날 것임이라 하셨도다...(1~2절)
여호와께서 이와 같이 말씀하시기를 나의 안식일을 지키며 내가 기뻐하는 일을 선택하며 나의 언약을 굳게 잡는 고자들에게는...(4~7절)
들의 모든 짐승들아 숲 가운데의 모든 짐승들아 와서 먹으라...(9~12절)

· 마태복음 4장 – 언약으로 시험을 이기시고 제자를 선택한 예수

그 때에 예수께서 성령에게 이끌리어 마귀에게 시험을 받으러 광야로 가사...(1~10절)
나사렛을 떠나 스불론과 납달리 지경 해변에 있는 가버나움에 가서 사시니(13절)
이 때부터 예수께서 비로소 전파하여 이르시되 회개하라 천국이 가까이 왔느니라 하시더라...(17~23절)

Ⅲ. 묵상을 위한 질문

1. 여호와 하나님이 이스라엘 자손과 세운 언약의 두 장소는 어디일까요?(1)

2. 여호와 하나님이 이스라엘 자손과 세운 언약의 핵심내용은 무엇일까요?(25~26)

3. 시편 기자는 고난 당한 것이 자신에게 무엇이 되며 그 이유는 무엇이라고 했나요?(71)

4. 시편 기자는 주의 말씀, 규례, 율례, 법의 가치가 어느 정도라고 했나요?(72)

5. 여호와 하나님은 언약을 굳게 잡고 지킨 고자들과 이방인에게 어떤 복을 주신다고 약속하셨나요?(4~7)

6. 이사야는 이스라엘의 파수꾼들과 목자들을 어떻게 비유하며 고발했나요?(9~11)

7. 성령에게 이끌리어 광야로 가신 예수님은 마귀에게 어떤 시험을 당하시고 어떻게 승리하셨나요?(1~10)

8. 예수님이 선택한 제자들의 이름은 무엇이며 어떤 언약을 맺으셨나요?(18~21)

Ⅳ. 기도

1. 주여, 하나님께서 주신 언약을 알고 지킴으로 참된 은총을 누리게 하옵소서.
2. 주여, 닥친 고난으로 인하여 언약을 깨닫고 주의 은혜를 발견하게 하옵소서.
3. 주여, 마귀의 시험이 다가올 때 넉넉히 이기게 하시고 사명을 감당케 하옵소서.

• 하나님 마음 알아가기 •

• 나에게 주시는 말씀(암송하기) •

• 오늘의 감사(기록하기) •

Ⅰ. 맥체인성경의 통독구조<176>

묵상하기 여덟 문제의 답을 요약하여 핵심을 정리하고 그것을 중심으로 세 가지의 기
도문 초안을 작성한 후, 신구약 네 장의 성경을 기도 중에 재차 묵상하는 구조이다.

Ⅱ. 핵심구절 읽기

성경본문	신명기 30장	시편119:73~96	이사야 57장	마태복음 5장
통일주제	**청종** (聽從, 이르는 말을 듣고 잘 좇음)			
개별주제	선민이 모세가 전한 하나님의 계명을 청종함	시편 기자가 어떤 상황 속에서도 말씀을 청종함	백성이 거룩하신 주의 회복의 말씀을 청종함	제자가 예수님의 산상수훈의 말씀을 청종함
연합내용	믿는 자는 주의 말씀을 청종해야 한다. 왜냐하면 그 곳에 길과 생명이 있기 때문이다. 그러므로 잘 듣고 잘 실천해야 한다. 결국 청종의 대가는 축복과 평화이지만 청종치 않음의 대가는 저주와 멸망이다.			
핵심구절	1~3,6~7,9~11 14~15,19~20	73~75,79,82~83 86~87,90~91,93 96	1,3~4,7~9 11~13,15~16 18~19,21	3~10,13~16,18~20 22~24,28~30 37~42,44~45,48

• 신명기 30장 - 선민이 모세가 전한 하나님의 계명을 청종함

내가 네게 진술한 모든 복과 저주가 네게 임하므로 네가 네 하나님 여호와로부터 쫓겨
간 모든 나라 가운데서 이 일이 마음에서 기억이 나거든...(1~3절)

네 하나님 여호와께서 네 마음과 네 자손의 마음에 할례를 베푸사 너로 마음을 다하며
뜻을 다하여 네 하나님 여호와를 사랑하게 하사 너로 생명을 얻게 하실 것이며...(6~7절)

네가 네 하나님 여호와의 말씀을 청종하여 이 율법책에 기록된 그의 명령과 규례를 지
키고 네 마음을 다하며 뜻을 다하여 여호와 네 하나님께 돌아오면 네 하나님 여호와
께서 네 손으로 하는 모든 일과 네 몸의 소생과 네 가축의 새끼와 네 토지 소산을 많게
하시고 네게 복을 주시되 곧 여호와께서 네 조상들을 기뻐하신 것과 같이 너를 다시
기뻐하사 네게 복을 주시리라...(9~11절)

오직 그 말씀이 네게 매우 가까워서 네 입에 있으며 네 마음에 있은즉 네가 이를 행할
수 있느니라...(14~15절)

내가 오늘 하늘과 땅을 불러 너희에게 증거를 삼노라 내가 생명과 사망과 복과 저주를 네 앞에 두었은즉 너와 네 자손이 살기 위하여 생명을 택하고...(19~20절)

- **시편 119편 73~96절** - 시편 기자가 어떤 상황 속에서도 말씀을 청종함

주의 손이 나를 만들고 세우셨사오니 내가 깨달아 주의 계명들을 배우게 하소서...(73~75절)

주를 경외하는 자들이 내게 돌아오게 하소서 그리하시면 그들이 주의 증거들을 알리이다(79절)

나의 말이 주께서 언제나 나를 안위하실까 하면서 내 눈이 주의 말씀을 바라기에 피곤하니이다...(82~83절)

주의 모든 계명들은 신실하니이다 그들이 이유 없이 나를 핍박하오니 나를 도우소서...(86~87절)

주의 성실하심은 대대에 이르나이다 주께서 땅을 세우셨으므로 땅이 항상 있사오니...(90~91절)

내가 주의 법도들을 영원히 잊지 아니하오니 주께서 이것들 때문에 나를 살게 하심이니이다(93절)

내가 보니 모든 완전한 것이 다 끝이 있어도 주의 계명들은 심히 넓으니이다(96절)

- **이사야 57장** - 백성이 거룩하신 주의 회복의 말씀을 청종함

의인이 죽을지라도 마음에 두는 자가 없고 진실한 이들이 거두어 감을 당할지라도 깨닫는 자가 없도다 의인들은 악한 자들 앞에서 불리어가도다(1절)

무당의 자식, 간음자와 음녀의 자식들아 너희는 가까이 오라...(3~4절)

네가 높고 높은 산 위에 네 침상을 베풀었고 네가 또 거기에 올라가서 제사를 드렸으며...(7~9절)

네가 누구를 두려워하며 누구로 말미암아 놀랐기에 거짓을 말하며 나를 생각하지 아니하며 이를 마음에 두지 아니하였느냐 네가 나를 경외하지 아니함은 내가 오랫동안 잠잠했기 때문이 아니냐...(11~13절)

지극히 존귀하며 영원히 거하시며 거룩하다 이름하는 이가 이와 같이 말씀하시되 내가 높고 거룩한 곳에 있으며 또한 통회하고 마음이 겸손한 자와 함께 있나니 이는 겸손한 자의 영을 소생시키며 통회하는 자의 마음을 소생시키려 함이라...(15~16절)

내가 그의 길을 보았은즉 그를 고쳐 줄 것이라 그를 인도하며 그와 그를 슬퍼하는 자들에게 위로를 다시 얻게 하리라...(18~19절)

내 하나님의 말씀에 악인에게는 평강이 없다 하셨느니라(21절)

심령이 가난한 자는 복이 있나니 천국이 그들의 것임이요...(3~10절)

너희는 세상의 소금이니 소금이 만일 그 맛을 잃으면 무엇으로 짜게 하리요 후에는 아무 쓸 데 없어 다만 밖에 버려져 사람에게 밟힐 뿐이니라...(13~16절)

진실로 너희에게 이르노니 천지가 없어지기 전에는 율법의 일점 일획도 결코 없어지지 아니하고 다 이루리라...(18~20절)

나는 너희에게 이르노니 형제에게 노하는 자마다 심판을 받게 되고 형제를 대하여 라가라 하는 자는 공회에 잡혀가게 되고 미련한 놈이라 하는 자는 지옥 불에 들어가게 되리라...(22~24절)

나는 너희에게 이르노니 음욕을 품고 여자를 보는 자마다 마음에 이미 간음하였느니라...(28~30절)

오직 너희 말은 옳다 옳다, 아니라 아니라 하라 이에서 지나는 것은 악으로부터 나느니라...(37~42절)

나는 너희에게 이르노니 너희 원수를 사랑하며 너희를 박해하는 자를 위하여 기도하라...(44~45절)

그러므로 하늘에 계신 너희 아버지의 온전하심과 같이 너희도 온전하라(48절)

Ⅲ. 묵상을 위한 질문

1. 모세는 이스라엘 자손이 범죄함으로 멸망하고 포로가 되었을 때 어떻게 하면 전과 같이 모든 것을 회복할 수 있다고 선포했나요?(1~7)

2. 하나님이 이스라엘 자손에게 주신 명령은 감당하기에 어떤 장점이 있나요?(11~15)

3. 시편 기자가 하나님의 말씀을 붙잡고 사는 이유는 무엇일까요?(73,86,91,93,96)

4. 시편 기자가 하나님의 말씀을 가까이하는 방법은 무엇일까요?(77~78,92,94~95)

5. 이사야는 우상숭배자들에 대하여 어떤 표현을 사용했나요?(3~4,7~9)

6. 이사야가 가르쳐 준 여호와 하나님은 어떤 분이실까요?(15~16,18~19)

7. 예수님이 제자들에게 소금과 빛의 삶을 살라고 하신 이유는 무엇일까요?(13~16)

8. 예수님의 가르침 중에서 형제와 화목하라는 교훈과 악한 자에게 선대하라는
   교훈의 공통점은 무엇일까요?(22~24,38~42,44,48)

IV. 기도

1. 주여, 하나님의 말씀과 명령과 규례가 가까이 있음을 알고 순종하게 하옵소서.
2. 주여, 하나님의 말씀을 어떤 상황 속에서도 붙잡고 살므로 승리하게 하옵소서.
3. 주여, 항상 소금과 빛과 화목의 삶을 살므로 하나님께 영광을 돌리게 하옵소서.

• 하나님 마음 알아가기 •

• 나에게 주시는 말씀(암송하기) •

• 오늘의 감사(기록하기) •

Ⅰ. 맥체인성경의 통독구조<177>

성경 66권은 1600년이 넘는 긴 세월 동안 성령의 감동을 입은 각 시대의 사람들이 각기 다른 장소에서 기록한 것을 정경화한 것이다. 그럼에도 불구하고 놀랍게도 제각각 짝이 있고 통일된 주제와 일관된 메시지를 전한다. 이것은 우연이 아니며 하나님이 저자이심을 증명하고 있다. 따라서 새로운 편집방식으로 읽을 때 더 깊은 감동을 경험하게 된다.

Ⅱ. 핵심구절 읽기

성경본문	신명기 31장	시편 119:97~120	이사야 58장	마태복음 6장
통일주제	**실천** (實踐, 가르침 받은 것이나 생각한 것을 실제로 행함)			
개별주제	모세가 기록한 율법을 실천함	주의 계명 증거 법도를 실천함	주가 기뻐하시는 금식을 실천함	구제 기도 금식 그 의를 실천함
연합내용	**하나님은 날마다 우리에게 참된 교훈을 주신다. 우리는 이 귀한 교훈을 경청할 뿐만 이 아니라 온전히 실천해야 한다. 그렇게 함으로 하나님이 기뻐하시는 삶, 범사에 승리하는 삶, 풍성한 삶을 살 수 있다.**			
핵심구절	2~3,6~8,10~12 16~17,19~20,24~27	97~100,103,105 108,111,113,116,119	3~13	2~4,6~7,9~13 17~18,20~21 24~25,31~34

• 신명기 31장 - 모세가 기록한 율법을 실천함

그들에게 이르되 이제 내 나이 백이십 세라 내가 더 이상 출입하지 못하겠고 여호와께서도 내게 이르시기를 너는 이 요단을 건너지 못하리라 하셨느니라...(2~3절)
너희는 강하고 담대하라 두려워하지 말라 그들 앞에서 떨지 말라 이는 네 하나님 여호와 그가 너와 함께 가시며 결코 너를 떠나지 아니하시며 버리지 아니하실 것임이라 하고...(6~8절)
모세가 그들에게 명령하여 이르기를 매 칠 년 끝 해 곧 면제년의 초막절에...(10~12절)
또 여호와께서 모세에게 이르시되 너는 네 조상과 함께 누우려니와 이 백성은 그 땅으로 들어가 음란히 그 땅의 이방 신들을 따르며 일어날 것이요 나를 버리고 내가 그들

과 맺은 언약을 어길 것이라...(16~17절)

그러므로 이제 너희는 이 노래를 써서 이스라엘 자손들에게 가르쳐 그들의 입으로 부르게 하여 이 노래로 나를 위하여 이스라엘 자손들에게 증거가 되게 하라...(19~20절)

모세가 이 율법의 말씀을 다 책에 써서 마친 후에...(24~27절)

• 시편 119편 97~120절 - 주의 계명 증거 법도를 실천함

내가 주의 법을 어찌 그리 사랑하는지요 내가 그것을 종일 작은 소리로 읊조리나이다...(97~100절)

주의 말씀의 맛이 내게 어찌 그리 단지요 내 입에 꿀보다 더 다니이다(103절)

주의 말씀은 내 발에 등이요 내 길에 빛이니이다(105절)

여호와여 구하오니 내 입이 드리는 자원제물을 받으시고 주의 공의를 내게 가르치소서(108절)

주의 증거들로 내가 영원히 나의 기업을 삼았사오니 이는 내 마음의 즐거움이 됨이니이다(111절)

내가 두 마음 품는 자들을 미워하고 주의 법을 사랑하나이다(113절)

주의 말씀대로 나를 붙들어 살게 하시고 내 소망이 부끄럽지 않게 하소서(116절)

주께서 세상의 모든 악인들을 찌꺼기 같이 버리시니 그러므로 내가 주의 증거들을 사랑하나이다(119절)

• 이사야 58장 - 주가 기뻐하시는 금식을 실천함

우리가 금식하되 어찌하여 주께서 보지 아니하시오며 우리가 마음을 괴롭게 하되 어찌하여 주께서 알아 주지 아니하시나이까 보라 너희가 금식하는 날에 오락을 구하며 온갖 일을 시키는도다...(3~13절)

• 마태복음 6장 - 구제 기도 금식 그 의를 실천함

그러므로 구제할 때에 외식하는 자가 사람에게서 영광을 받으려고 회당과 거리에서 하는 것 같이 너희 앞에 나팔을 불지 말라 진실로 너희에게 이르노니 그들은 자기 상을 이미 받았느니라...(2~4절)

너는 기도할 때에 네 골방에 들어가 문을 닫고 은밀한 중에 계신 네 아버지께 기도하

라 은밀한 중에 보시는 네 아버지께서 갚으시리라...(6~7절)

그러므로 너희는 이렇게 기도하라 하늘에 계신 우리 아버지여 이름이 거룩히 여김을 받으시오며...(9~13절)

너는 금식할 때에 머리에 기름을 바르고 얼굴을 씻으라...(17~18절)

오직 너희를 위하여 보물을 하늘에 쌓아 두라 거기는 좀이나 동록이 해하지 못하며 도둑이 구멍을 뚫지도 못하고 도둑질도 못하느니라...(20~21절)

한 사람이 두 주인을 섬기지 못할 것이니 혹 이를 미워하고 저를 사랑하거나 혹 이를 중히 여기고 저를 경히 여김이라 너희가 하나님과 재물을 겸하여 섬기지 못하느니라...(24~25절)

그러므로 염려하여 이르기를 무엇을 먹을까 무엇을 마실까 무엇을 입을까 하지 말라...(31~34절)

III. 묵상을 위한 질문

1. 모세가 죽기 전에 마지막으로 했던 가장 중요한 사역은 무엇일까요?(9,19,24~26)

2. 모세가 후계자 여호수아에게 힘써 권면한 내용은 무엇일까요?(3,7,23)

3. 시편 기자는 반복해서 주의 법을 어떻게 여긴다고 말했나요?(97,103,113,119)

4. 시편 기자는 주의 계명들, 증거들, 법도들이 자기를 어떻게 능력있게 한다고 말했나요?(98~100)

5. 여호와 하나님이 기뻐하시는 참된 금식은 무엇일까요?(6~7)

6. 구약의 안식일과 신약의 주일인 성일을 어떤 날로 지켜야 할까요?(13)

7. 예수님은 하나님께 잘못을 용서받기를 원하는 자가 있다면 먼저 어떻게 해야 한다고 가르쳐 주셨나요?(12,14~15)

8. 예수님은 구제나 기도나 금식을 할 때 무엇을 조심하라고 했나요?(1~2,5,16)

Ⅳ. 기도

1. 주여, 율법책과 성경책을 잘 배우고 실천하는 그리스도인이 되게 하옵소서.
2. 주여, 주의 말씀을 사랑함으로 지혜와 명철과 총명과 훈계를 얻게 하옵소서.
3. 주여, 참된 금식을 실천하여 주를 기쁘시게 하고 응답받는 자가 되게 하옵소서.

· 하나님 마음 알아가기 ·

· 나에게 주시는 말씀(암송하기) ·

· 오늘의 감사(기록하기) ·

Ⅰ. 맥체인성경의 통독구조<178>

일반적으로 편집된 성경의 순서대로!

창세기~역대하 : 만물의 시작과 이스라엘의 시작

에스라~말라기 : 이스라엘의 멸망과 새 시대의 시작

마태복음~요한복음 : 예수의 복음사역과 십자가 구속

사도행전~요한계시록 : 교회의 시작과 선교

Ⅱ. 핵심구절 읽기

성경본문	신명기 32장	시편 119:121~144	이사야 59장	마태복음 7장
통일주제	**지적** (指摘, 잘못이나 허물 따위를 드러내어 꼭 집어 말함)			
개별주제	모세가 이스라엘의 타락과 배반을 지적함	주의 종을 박해하고 법을 폐하는 자를 지적함	이사야가 백성의 죄악과 허물을 지적함	예수님이 거짓 선지자와 그 결과를 지적함
연합내용	**지적은 두 가지의 성질을 가지고 있다. 하나는 숨어 있는 허물을 꺼내어 정죄하는 성질이고 다른 하나는 잘못을 꼬집어 바로 잡아주는 성질이다. 하나님은 지적을 통해 회개케 하시고 용서와 구속을 베푸신다.**			
핵심구절	2~6,8~10,15~18 20~21,23~25,28 33~36,43~44,47	121~122,126 130,132~134 136,139,141~144	1~4,7~8,11~13 16~18,20~21	1~3,6~8,11 13~17,20~24,29

• 신명기 32장 - 모세가 이스라엘의 타락과 배반을 지적함

내 교훈은 비처럼 내리고 내 말은 이슬처럼 맺히나니 연한 풀 위의 가는 비 같고 채소 위의 단비 같도다...(2~6절)

지극히 높으신 자가 민족들에게 기업을 주실 때에, 인종을 나누실 때에 이스라엘 자손의 수효대로 백성들의 경계를 정하셨도다...(8~10절)

그런데 여수룬이 기름지매 발로 찼도다 네가 살찌고 비대하고 윤택하매 자기를 지으신 하나님을 버리고 자기를 구원하신 반석을 업신여겼도다...(15~18절)

그가 말씀하시기를 내가 내 얼굴을 그들에게서 숨겨 그들의 종말이 어떠함을 보리니

그들은 심히 패역한 세대요 진실이 없는 자녀임이로다...(20~21절)

내가 재앙을 그들 위에 쌓으며 내 화살이 다할 때까지 그들을 쏘리로다...(23~25절)

그들은 모략이 없는 민족이라 그들 중에 분별력이 없도다(28절)

그들의 포도주는 뱀의 독이요 독사의 맹독이라...(33~36절)

너희 민족들아 주의 백성과 즐거워하라 주께서 그 종들의 피를 갚으사 그 대적들에게 복수하시고 자기 땅과 자기 백성을 위하여 속죄하시리로다...(43~44절)

이는 너희에게 헛된 일이 아니라 너희의 생명이니 이 일로 말미암아 너희가 요단을 건너가 차지할 그 땅에서 너희의 날이 장구하리라(47절)

• 시편 119편 121~144절 - 주의 종을 박해하고 법을 폐하는 자를 지적함

내가 정의와 공의를 행하였사오니 나를 박해하는 자들에게 나를 넘기지 마옵소서...(121~122절)

그들이 주의 법을 폐하였사오니 지금은 여호와께서 일하실 때니이다(126절)

주의 말씀을 열면 빛이 비치어 우둔한 사람들을 깨닫게 하나이다(130절)

주의 이름을 사랑하는 자들에게 베푸시던 대로 내게 돌이키사 내게 은혜를 베푸소서...(132~134절)

그들이 주의 법을 지키지 아니하므로 내 눈물이 시냇물 같이 흐르나이다(136절)

내 대적들이 주의 말씀을 잊어버렸으므로 내 열정이 나를 삼켰나이다(139절)

내가 미천하여 멸시를 당하나 주의 법도를 잊지 아니하였나이다...(141~144절)

• 이사야 59장 - 이사야가 백성의 죄악과 허물을 지적함

여호와의 손이 짧아 구원하지 못하심도 아니요 귀가 둔하여 듣지 못하심도 아니라...(1~4절)

그 발은 행악하기에 빠르고 무죄한 피를 흘리기에 신속하며 그 생각은 악한 생각이라 황폐와 파멸이 그 길에 있으며...(7~8절)

우리가 곰 같이 부르짖으며 비둘기 같이 슬피 울며 정의를 바라나 없고 구원을 바라나 우리에게서 멀도다...(11~13절)

사람이 없음을 보시며 중재자가 없음을 이상히 여기셨으므로 자기 팔로 스스로 구원을 베푸시며 자기의 공의를 스스로 의지하사...(16~18절)

여호와의 말씀이니라 구속자가 시온에 임하며 야곱의 자손 가운데에서 죄과를 떠나는 자에게 임하리라...(20~21절)

• 마태복음 7장 - 예수님이 거짓 선지자와 그 결과를 지적함

비판을 받지 아니하려거든 비판하지 말라...(1~3절)

거룩한 것을 개에게 주지 말며 너희 진주를 돼지 앞에 던지지 말라 그들이 그것을 발로 밟고 돌이켜 너희를 찢어 상하게 할까 염려하라...(6~8절)

너희가 악한 자라도 좋은 것으로 자식에게 줄 줄 알거든 하물며 하늘에 계신 너희 아버지께서 구하는 자에게 좋은 것으로 주시지 않겠느냐(11절)

좁은 문으로 들어가라 멸망으로 인도하는 문은 크고 그 길이 넓어 그리로 들어가는 자가 많고...(13~17절)

이러므로 그들의 열매로 그들을 알리라...(20~24절)

이는 그 가르치시는 것이 권위 있는 자와 같고 그들의 서기관들과 같지 아니함일러라(29절)

Ⅲ. 묵상을 위한 질문

1. 모세가 지어 부르게 한 이 노래 안에는 모세가 이스라엘의 무엇을 걱정하고 있음을 알 수 있나요?(5~6,15,17,44)

2. 모세는 신실하신 하나님이 배반한 이스라엘에게 분노하셨으나 반드시 어떻게 하실 것을 예언하고 있나요?(35~36,41,43~44)

3. 시편 기자는 박해를 당할 때 무엇을 의지하고 있나요?(121~122,126,134)

4. 시편 기자는 주의 말씀의 능력을 어떻게 표현했나요?(129~130,138,142,144)

5. 이사야는 백성의 죄악이 무엇이라고 지적했나요?(2~4,7~8,12~13)

6. 이사야는 하나님이 죄악된 백성을 어떻게 구원하신다고 예언했나요?(16~18,20)

7. 예수님은 제자들에게 무엇을 지향하며 살라고 말씀하셨나요?(7~14)

8. 예수님은 거짓 선지자들의 특징과 그 구별법을 어떻게 말씀하셨나요?(15~23)

Ⅳ. 기도

1. 주여, 선택한 백성을 끝까지 버리지 않고 구원하시는 주님을 믿게 하옵소서.
2. 주여, 날마다 자신의 죄악과 허물을 지적받을 때 회개하고 소성하게 하옵소서.
3. 주여, 기도 쉬는 죄를 범하지 않게 하시고 좁은 문을 향해 전진하게 하옵소서.

• 하나님 마음 알아가기 •

• 나에게 주시는 말씀(암송하기) •

• 오늘의 감사(기록하기) •

Ⅰ. 맥체인성경의 통독구조<179>

하나님의 섭리의 다각성을 살펴보면, 하나님의 섭리(뜻)는 다양한 방향으로 나타난다. 또한 하나님의 섭리(뜻)는 다양한 방법으로 나타난다.

Ⅱ. 핵심구절 읽기

성경본문	신명기 33~34장	시편 119:145~176	이사야 60장	마태복음 8장
통일주제	**소원** (所願, 바라고 원함)			
개별주제	모세가 온 이스라엘의 축복을 간절히 소원함	시편 기자가 주의 말씀 지킴을 간절히 소원함	이사야가 예루살렘의 영광을 간절히 소원함	각색 병자가 예수께 나와 고침 받기를 소원함
연합내용	사람에게는 누구나 소원이 있다. 일반적으로 세상 사람들은 육신적인 소원이 크겠지만 그리스도인들은 영적이며 남을 위한 소원이 더 크다. 모든 소원의 성취는 하나님의 주권과 능력과 은혜 안에 있다.			
핵심구절	33:1~3,6~8,10 12~14,17~25,29 34:4~7,9~10	145~148,152~155 158,161~165 169,171~172	1~5,9~11,14~17 19~22	2~3,5~10,13~16 19~22,24~32

• 신명기 33~34장 - 모세가 온 이스라엘의 축복을 간절히 소원함

하나님의 사람 모세가 죽기 전에 이스라엘 자손을 위하여 축복함이 이러하니라...(33장 1~3절)

르우벤은 죽지 아니하고 살기를 원하며 그 사람 수가 적지 아니하기를 원하나이다...(33장 6~8절)

주의 법도를 야곱에게, 주의 율법을 이스라엘에게 가르치며 주 앞에 분향하고 온전한 번제를 주의 제단 위에 드리리로다(33장 10절)

베냐민에 대하여는 일렀으되 여호와의 사랑을 입은 자는 그 곁에 안전히 살리로다 여호와께서 그를 날이 마치도록 보호하시고 그를 자기 어깨 사이에 있게 하시리로다...(33장 12~14절)

그는 첫 수송아지 같이 위엄이 있으니 그 뿔이 들소의 뿔 같도다 이것으로 민족들을 받아 땅 끝까지 이르리니 곧 에브라임의 자손은 만만이요 므낫세의 자손은 천천이리로다...(33장 17~25절)

이스라엘이여 너는 행복한 사람이로다 여호와의 구원을 너 같이 얻은 백성이 누구냐 그는 너를 돕는 방패시요 네 영광의 칼이시로다 네 대적이 네게 복종하리니 네가 그들의 높은 곳을 밟으리로다(33장 29절)

여호와께서 그에게 이르시되 이는 내가 아브라함과 이삭과 야곱에게 맹세하여 그의 후손에게 주리라 한 땅이라 내가 네 눈으로 보게 하였거니와 너는 그리로 건너가지 못하리라 하시매...(34장 4~7절)

모세가 눈의 아들 여호수아에게 안수하였으므로 그에게 지혜의 영이 충만하니 이스라엘 자손이 여호와께서 모세에게 명령하신 대로 여호수아의 말을 순종하였더라...(34장 9~10절)

- **시편 119편 145~176절** - 시편 기자가 주의 말씀 지킴을 간절히 소원함

여호와여 내가 전심으로 부르짖었사오니 내게 응답하소서 내가 주의 교훈들을 지키리이다...(145~148절)

내가 전부터 주의 증거들을 알고 있었으므로 주께서 영원히 세우신 것인 줄을 알았나이다...(152~155절)

주의 말씀을 지키지 아니하는 거짓된 자들을 내가 보고 슬퍼하였나이다(158절)

고관들이 거짓으로 나를 핍박하오나 나의 마음은 주의 말씀만 경외하나이다...(161~165절)

여호와여 나의 부르짖음이 주의 앞에 이르게 하시고 주의 말씀대로 나를 깨닫게 하소서(169절)

주께서 율례를 내게 가르치시므로 내 입술이 주를 찬양하리이다...(171~172절)

- **이사야 60장** - 이사야가 예루살렘의 영광을 간절히 소원함

일어나라 빛을 발하라 이는 네 빛이 이르렀고 여호와의 영광이 네 위에 임하였음이니라...(1~5절)

곧 섬들이 나를 앙망하고 다시스의 배들이 먼저 이르되 먼 곳에서 네 자손과 그들의 은금을 아울러 싣고 와서 네 하나님 여호와의 이름에 드리려 하며 이스라엘의 거룩한 이에게 드리려 하는 자들이라 이는 내가 너를 영화롭게 하였음이라...(9~11절)

너를 괴롭히던 자의 자손이 몸을 굽혀 네게 나아오며 너를 멸시하던 모든 자가 네 발 아래에 엎드려 너를 일컬어 여호와의 성읍이라, 이스라엘의 거룩한 이의 시온이라 하리라...(14~17절)

다시는 낮에 해가 네 빛이 되지 아니하며 달도 네게 빛을 비추지 않을 것이요 오직 여호와가 네게 영원한 빛이 되며 네 하나님이 네 영광이 되리니...(19~22절)

한 나병환자가 나아와 절하며 이르되 주여 원하시면 저를 깨끗하게 하실 수 있나이다 하거늘...(2~3절)

예수께서 가버나움에 들어가시니 한 백부장이 나아와 간구하여...(5~10절)

예수께서 백부장에게 이르시되 가라 네 믿은 대로 될지어다 하시니 그 즉시 하인이 나으니라...(13~16절)

한 서기관이 나아와 예수께 아뢰되 선생님이여 어디로 가시든지 저는 따르리이다...(19~22절)

바다에 큰 놀이 일어나 배가 물결에 덮이게 되었으되 예수께서는 주무시는지라...(24~32절)

III. 묵상을 위한 질문

1. 모세가 시므온을 제외한 11지파를 축복한 후 이스라엘을 행복한 사람이라고 선언한 이유는 무엇일까요?(33:29)

2. 모세가 120세에 세상을 떠났을 때 그가 남긴 것은 무엇일까요?(34:7,9~12)

3. 시편 기자는 악인들에게서 구원이 멀어지는 이유를 무엇이라고 했나요?(155)

4. 시편 기자는 주의 법도와 규례와 계명을 사랑하는 자가 날마다 무엇을 즐겨 행한다고 했나요?(164,171~172)

5. 이사야는 예루살렘이 어떤 영광을 이루게 될 것을 보고 예언했나요?(1~5,9~11)

6. 이사야는 여호와가 이스라엘의 영원한 빛이 되어 주심으로 어떤 결과가 올 것이라고 예언했나요?(19~22)

7. 예수님은 가버나움에 사는 백부장의 하인을 어떻게 고쳐 주셨나요?(5~10,13)

8. 예수님은 자신을 따르려는 자들에게 어떤 주의사항을 주셨나요?(19~22)

Ⅳ. 기도

1. 주여, 세상을 떠날 때 신앙과 철학과 사명을 남기는 사람이 되게 하옵소서.
2. 주여, 말씀과 계명을 따르며 늘 찬송하는 성숙한 그리스도인이 되게 하옵소서.
3. 주여, 어떤 병이라도 오직 믿음과 열심으로 치료받는 자녀가 되게 하옵소서.

• 하나님 마음 알아가기 •

• 나에게 주시는 말씀(암송하기) •

• 오늘의 감사(기록하기) •

Ⅰ. 맥체인성경의 통독구조<180>

역사이해 : 과거의 역사를 살피고 오늘의 관점에서 다시 재해석한다.

성경해석 : 본문시대의 역사 – 본문 속에 등장한 사건시대의 역사를 말한다.

기록시대의 역사 – 성경을 기술한 해당시대의 역사를 말한다.

독자시대의 역사 – 성경을 읽고 있는 독자시대의 역사를 말한다.

Ⅱ. 핵심구절 읽기

성경본문	여호수아 1장	시편 120~122편	이사야 61장	마태복음 9장
통일주제	**극복** (克服, 악조건이나 고생 따위를 없애거나 좋아지게 하여 이겨냄)			
개별주제	여호수아가 가나안 정복 앞에서 두려움을 극복	성도가 거짓된 입술과 혀로 인한 환난을 극복	가난 황폐 불의의 상황을 여호와의 영으로 극복	예수를 믿음으로 죄 사함을 받고 질병을 극복
연합내용	**세상에는 많은 고난과 문제가 있다. 이를 극복하는 것은 오직 믿음이다. 그 믿음은 하나님이 함께 하시는 것과 그의 능력과 그의 개입하심을 믿는 것이다. 결국 세상을 극복하는 승리는 오직 믿음에 있다.**			
핵심구절	1~2,5~11,15~18	120:1~4,7 121:1~8 122:1,4~6,9	1~3,6,8,10	2~8,12~13 15~17,18~24 27~30,32~33,35

• 여호수아 1장 - 여호수아가 가나안 정복 앞에서 두려움을 극복

여호와의 종 모세가 죽은 후에 여호와께서 모세의 수종자 눈의 아들 여호수아에게 말씀하여 이르시되...(1~2절)

네 평생에 너를 능히 대적할 자가 없으리니 내가 모세와 함께 있었던 것 같이 너와 함께 있을 것임이니라 내가 너를 떠나지 아니하며 버리지 아니하리니...(5~11절)

여호와께서 너희를 안식하게 하신 것 같이 너희의 형제도 안식하며 그들도 너희의 하나님 여호와께서 주시는 그 땅을 차지하기까지 하라 그리고 너희는 너희 소유지 곧 여호와의 종 모세가 너희에게 준 요단 이쪽 해 돋는 곳으로 돌아와서 그것을 차지할지니라...(15~18절)

• 시편 120~122편 - 성도가 거짓된 입술과 허로 인한 환난을 극복

내가 환난 중에 여호와께 부르짖었더니 내게 응답하셨도다...(120편 1~4편)

나는 화평을 원할지라도 내가 말할 때에 그들은 싸우려 하는도다(120편 7절)

내가 산을 향하여 눈을 들리라 나의 도움이 어디서 올까...(121편 1~8절)

사람이 내게 말하기를 여호와의 집에 올라가자 할 때에 내가 기뻐하였도다(122편 1절)

지파들 곧 여호와의 지파들이 여호와의 이름에 감사하려고 이스라엘의 전례대로 그리로 올라가는도다...(122편 4~6절)

여호와 우리 하나님의 집을 위하여 내가 너를 위하여 복을 구하리로다(122편 9절)

• 이사야 61장 - 가난 황폐 불의의 상황을 여호와의 영으로 극복

주 여호와의 영이 내게 내리셨으니 이는 여호와께서 내게 기름을 부으사 가난한 자에게 아름다운 소식을 전하게 하려 하심이라 나를 보내사 마음이 상한 자를 고치며 포로된 자에게 자유를, 갇힌 자에게 놓임을 선포하며...(1~3절)

오직 너희는 여호와의 제사장이라 일컬음을 받을 것이라 사람들이 너희를 우리 하나님의 봉사자라 할 것이며 너희가 이방 나라들의 재물을 먹으며 그들의 영광을 얻어 자랑할 것이니라(6절)

무릇 나 여호와는 정의를 사랑하며 불의의 강탈을 미워하여 성실히 그들에게 갚아 주고 그들과 영원한 언약을 맺을 것이라(8절)

내가 여호와로 말미암아 크게 기뻐하며 내 영혼이 나의 하나님으로 말미암아 즐거워하리니 이는 그가 구원의 옷을 내게 입히시며 공의의 겉옷을 내게 더하심이 신랑이 사모를 쓰며 신부가 자기 보석으로 단장함 같게 하셨음이라(10절)

• 마태복음 9장 - 예수를 믿음으로 죄사함을 받고 질병을 극복

침상에 누운 중풍병자를 사람들이 데리고 오거늘 예수께서 그들의 믿음을 보시고 중풍병자에게 이르시되 작은 자야 안심하라 네 죄 사함을 받았느니라...(2~8절)

예수께서 들으시고 이르시되 건강한 자에게는 의사가 쓸 데 없고 병든 자에게라야 쓸데 있느니라...(12~13절)

예수께서 그들에게 이르시되 혼인집 손님들이 신랑과 함께 있을 동안에 슬퍼할 수 있느냐 그러나 신랑을 빼앗길 날이 이르리니 그 때에는 금식할 것이니라...(15~17절)

예수께서 이 말씀을 하실 때에 한 관리가 와서 절하며 이르되 내 딸이 방금 죽었사오나 오셔서 그 몸에 손을 얹어 주소서 그러면 살아나겠나이다 하니...(18~24절)
예수께서 거기에서 떠나가실새 두 맹인이 따라오며 소리 질러 이르되 다윗의 자손이여 우리를 불쌍히 여기소서 하더니...(27~30절)
그들이 나갈 때에 귀신 들려 말 못 하는 사람을 예수께 데려오니...(32~33절)
예수께서 모든 도시와 마을에 두루 다니사 그들의 회당에서 가르치시며 천국 복음을 전파하시며 모든 병과 모든 약한 것을 고치시니라(35절)

Ⅲ. 묵상을 위한 질문

1. 여호수아가 강하고 담대할 수 있는 두 가지 근거는 무엇일까요?(5~9)

2. 여호수아는 어떤 지파에게 선두에 서서 싸울 것을 명령했나요?(12,14~15,18)

3. 시편 기자는 성전에 오르는 자가 무엇 때문에 힘들어 함을 말했나요?(120:2~3,6~7)

4. 시편 기자는 성전에 오르는 자에게 여호와는 어떤 분이시라고 말했나요?(121:3~8)

5. 주 여호와의 영이 기름부음 받은 종에게 임하여 가난한 자와 고통 받는 모든 자에게 어떤 아름다운 소식을 전하게 하셨나요?(1~3)

6. 이사야는 기름부음 받은 종을 통하여 회복의 역사가 일어나면 선민이 어떤 자라 일컬음을 받을 것이라고 했나요?(6)

7. 예수님은 중풍병자를 고치실 때 어떻게 말씀하셨나요?(2,5~7)

8. 예수님이 열두 해를 혈루증으로 앓던 여자와 두 맹인을 고쳐 주실 때 그들의 무엇을 보셨나요?(20~22,27~30)

Ⅳ. 기도

1. 주여, 임마누엘의 신앙과 오직 말씀으로 강하고 담대하게 살게 하옵소서.
2. 주여, 거짓된 입술과 속이는 혀로 화평을 깨는 자들을 극복하게 하옵소서.
3. 주여, 어떤 질병을 앓더라도 오직 죄사함과 믿음으로 치유받게 하옵소서.

• 하나님 마음 알아가기 •

• 나에게 주시는 말씀(암송하기) •

• 오늘의 감사(기록하기) •

Ⅰ. 맥체인성경의 통독구조<181>

시간적, 공간적 역사하심 찾기

하나님의 사역은 시간적으로나 공간적으로 섬세하게 나타나며 또 역사하신다.

편집순 읽기 —> 연대기 읽기 —> 입체적 읽기 등 읽는 방법에 따라 다양한 은혜를 경험할 수 있음으로 맥체인성경통독도 매우 중요하다.

Ⅱ. 핵심구절 읽기

성경본문	여호수아 2장	시편 123~125편	이사야 62장	마태복음 10장
통일주제	**직시** (直視, 사물의 진실한 모습을 정확히 똑바로 봄)			
개별주제	라합이 하나님의 구원과 심판의 역사를 직시	성전에 오르는 자가 여호와의 은혜를 직시	시온을 세우기 위해 쉬지 않으시는 주를 직시	열두 제자가 권능을 주신 예수님의 뜻을 직시
연합내용	사람은 사물과 사건에 대해 주관적으로 바라보는 경향이 있다. 하지만 그 실체와 사실을 똑바로 바라보는 직시만이 바른 판단과 대책을 세울 수 있다. 소명 받은 자는 항상 역사의 상황을 직시하고 헌신해야 한다.			
핵심구절	1,3~5,8~13 17~19,21,24	123:1~3 124:1~3,6,8 125:1~2,4	1~4,7,9,11~12	1,5~8,11~12,14 16~20,22,27~32 34,36~38,41~42

• 여호수아 2장 - 라합이 하나님의 구원과 심판의 역사를 직시

눈의 아들 여호수아가 싯딤에서 두 사람을 정탐꾼으로 보내며 이르되 가서 그 땅과 여리고를 엿보라 하매 그들이 가서 라합이라 하는 기생의 집에 들어가 거기서 유숙하더니(1절)

여리고 왕이 라합에게 사람을 보내어 이르되 네게로 와서 네 집에 들어간 그 사람들을 끌어내라 그들은 이 온 땅을 정탐하러 왔느니라...(3~5절)

또 그들이 눕기 전에 라합이 지붕에 올라가서 그들에게 이르러...(8~13절)

그 사람들이 그에게 이르되 네가 우리에게 서약하게 한 이 맹세에 대하여 우리가 허물이 없게 하리니...(17~19절)

라합이 이르되 너희의 말대로 할 것이라 하고 그들을 보내어 가게 하고 붉은 줄을 창문에 매니라(21절)

또 여호수아에게 이르되 진실로 여호와께서 그 온 땅을 우리 손에 주셨으므로 그 땅의 모든 주민이 우리 앞에서 간담이 녹더이다 하더라(24절)

• 시편 123~125편 - 성전에 오르는 자가 여호와의 은혜를 직시

하늘에 계시는 주여 내가 눈을 들어 주께 향하나이다...(123편 1~3절)

이스라엘은 이제 말하기를 여호와께서 우리 편에 계시지 아니하셨더라면 우리가 어떻게 하였으랴...(124편 1~3절)

우리를 내주어 그들의 이에 씹히지 아니하게 하신 여호와를 찬송할지로다(124편 6절)

우리의 도움은 천지를 지으신 여호와의 이름에 있도다(124편 8절)

여호와를 의지하는 자는 시온 산이 흔들리지 아니하고 영원히 있음 같도다...(125편 1~2절)

여호와여 선한 자들과 마음이 정직한 자들에게 선대하소서(125편 4절)

• 이사야 62장 - 시온을 세우기 위해 쉬지 않으시는 주를 직시

나는 시온의 의가 빛 같이, 예루살렘의 구원이 횃불 같이 나타나도록 시온을 위하여 잠잠하지 아니하며 예루살렘을 위하여 쉬지 아니할 것인즉...(1~4절)

또 여호와께서 예루살렘을 세워 세상에서 찬송을 받게 하시기까지 그로 쉬지 못하시게 하라(7절)

오직 추수한 자가 그것을 먹고 나 여호와를 찬송할 것이요 거둔 자가 그것을 나의 성소 뜰에서 마시리라 하셨느니라(9절)

여호와께서 땅 끝까지 선포하시되 너희는 딸 시온에게 이르라 보라 네 구원이 이르렀느니라 보라 상급이 그에게 있고 보응이 그 앞에 있느니라 하셨느니라...(11~12절)

• 마태복음 10장 - 열두 제자가 권능을 주신 예수님의 뜻을 직시

예수께서 그의 열두 제자를 부르사 더러운 귀신을 쫓아내며 모든 병과 모든 약한 것을 고치는 권능을 주시니라(1절)

예수께서 이 열둘을 내보내시며 명하여 이르시되 이방인의 길로도 가지 말고 사마리

아인의 고을에도 들어가지 말고...(5~8절)

어떤 성이나 마을에 들어가든지 그 중에 합당한 자를 찾아내어 너희가 떠나기까지 거기서 머물라...(11~12절)

누구든지 너희를 영접하지도 아니하고 너희 말을 듣지도 아니하거든 그 집이나 성에서 나가 너희 발의 먼지를 떨어 버리라(14절)

보라 내가 너희를 보냄이 양을 이리 가운데로 보냄과 같도다 그러므로 너희는 뱀 같이 지혜롭고 비둘기 같이 순결하라...(16~20절)

또 너희가 내 이름으로 말미암아 모든 사람에게 미움을 받을 것이나 끝까지 견디는 자는 구원을 얻으리라(22절)

내가 너희에게 어두운 데서 이르는 것을 광명한 데서 말하며 너희가 귓속말로 듣는 것을 집 위에서 전파하라...(27~32절)

내가 세상에 화평을 주러 온 줄로 생각하지 말라 화평이 아니요 검을 주러 왔노라(34절)

사람의 원수가 자기 집안 식구리라...(36~38절)

선지자의 이름으로 선지자를 영접하는 자는 선지자의 상을 받을 것이요 의인의 이름으로 의인을 영접하는 자는 의인의 상을 받을 것이요...(41~42절)

Ⅲ. 묵상을 위한 질문

1. 여호수아는 약속의 땅을 침략하기 전에 어떤 일은 먼저 했나요?(1)

2. 라합은 이스라엘의 구원과 여리고의 심판을 직시하고 가족과 그에 속한 모든 사람을 살리기 위해 어떤 일을 했나요?(4~13)

3. 시편 기자는 은혜를 사모하는 자가 여호와를 어떻게 바라본다고 비유했나요? (123:2)

4. 다윗은 여호와가 우리 편에 계시므로 어떤 은혜를 누린다고 했나요?(124:1~3,6)

5. 시온과 예루살렘을 세우기까지 쉬지 않으시는 분은 누구실까요?(1,4,7)

6. 여호와 하나님이 회복시키신 시온과 예루살렘은 어떻게 불려 질까요?(3~4,12)

7. 예수님이 제자들에게 권능을 주시며 부탁하신 가장 큰 사명은 무엇일까요?(7,27)

8. 예수님은 천국복음을 전파하러 나가는 제자들에게 어떤 주의사항을 주셨나요?
   (9~10,14,16~17,28)

Ⅳ. 기도

1. 주여, 세상의 흐름을 파악하고 속히 가족을 구원하기 위해 노력하게 하옵소서.
2. 주여, 우리를 위해 쉬지 않으시고 은혜를 베푸시는 하나님을 따르게 하옵소서.
3. 주여, 회개하고 구원을 얻은 자로서 천국복음을 들고 담대히 나가게 하옵소서.

MEMO

126

MEMO

맥체인 1년 1독 성경읽기

맥체인 통독 맥잡기(6)

2020년 6월 1일 초판 1쇄 발행
지 은 이 김홍양
발 행 처 선교횃불
디 자 인 디자인이츠
등 록 일 1999년 9월 21일 제54호
등록주소 서울시 송파구 백제고분로 27길 12(삼전동)
전   화 (02) 2203-2739
팩   스 (02) 2203-2738
이 메 일 ccm2you@gmail.com
홈페이지 www.ccm2u.com